DES COMMISSIONS EXTRAORDINAIRES EN MATIERE CRIMINELLE.

NERVA Cæſar res olim diſſociabiles miſcuit, principatum ac libertatem, auxitque felicitatem imperii Nerva Trajanus. Cornel. Tacit. Agricolæ. vit.

CE ſpectacle ſi admirable d'un gouvernement heureux, qui ſait accorder avec la puiſſance du Souverain, la liberté légitime des ſujets, mais que Rome ne fit qu'entrevoir par intervalles, ſous le regne adoré des Trajans, des Titus, & des Antonins, nés pour la conſoler un moment de l'odieux Deſpotiſme ſous lequel elle avoit gémi, & ſous lequel elle retomba, la conſtitution de la Monarchie Françoiſe l'offre à l'Europe, ſans interruption, depuis quatorze ſiecles, avec l'exemple du peuple le plus ſoumis, le plus fidele, & le plus inviolablement attaché à ſes Rois. Quand, pour le bonheur des Nations & des Princes, des Génies politiques ont tracé le plan des différens gouvernemens, ſondé les principes de l'autorité, & médité ſur l'eſprit des Loix, la France leur a toujours fourni le modele d'une Monarchie accomplie ; ils ſe ſont arrêtés avec complaiſance ſur cette conſtitution modérée, qui, liant invariablement toutes les parties de l'Etat à un ordre conſtant & réglé, éloigne d'une Nation douce l'abus du pouvoir arbitraire, les horreurs du Deſpotiſme, les malheurs de l'Anarchie, & les troubles de la licence populaire.

Un Monarque, ſource de tout pouvoir civil & politique dans l'Etat, gouverne par des loix fixes & établies : Des loix fondamentales, qui furent l'expreſſion de la volonté générale, garantiſſent la puiſſance publique dont le Prince eſt revêtu : Sous cette Autorité Souveraine, des pouvoirs intermédiaires, dépendans & ſubordonnés, temperent l'exercice du pouvoir abſolu ; ce pouvoir appliqué par dégrés, & communiqué, ſuivant les formes de l'Etat, par le Souverain, devient aimable & *facile*, augmente la ſûreté du Monarque, fait le bonheur de la Nation, ſans que le Trône y perde rien de ſon éclat & de ſes droits. La ſtabilité de la légiſlation eſt intimement liée aux intérêts & au bonheur du Souverain, au bonheur & à la sûreté des ſujets. Un dépôt fixe & permanent eſt établi, où les Loix ſont vérifiées, annoncées, & conſervées.... Telle eſt en général la nature de toute Monarchie, tels ſont les caracteres ineffaçables qui la diſtingueront toujours du Deſpotiſme, où commande ſans regle, ſans loi, & le bras toujours levé, une volonté momentanée, incertaine & arbitraire.

Depuis l'établiſſement de la Monarchie Françoiſe, quelques formes variées que le Gouvernement ait reçues, rien n'a pu détruire, au préjudice du Trône, rien n'a pu altérer, au préjudice des ſujets, la nature & le fond primitif de la conſtitution. Dans les premiers âges de la Monarchie, on voit naître la Loi au milieu des aſſemblées de la Nation, préſidées par le Prince (1). Lorſque le conſentement de la Nation eut porté Hugues Capet ſur le Trône, quelque accroiſſement qu'ait reçu entre les mains de ſes Auguſtes Succeſſeurs, pour le bonheur de la

(1) *Lex fit conſenſu Populi & conſtitutione Regis.* Edit de Piſtes.

Nation entiere, l'Autorité Royale dégagée des entraves du gouvernement féodal, la constitution monarchique est demeurée invariablement liée aux loix. Il subsiste toujours ce dépôt de loix fixe & permanent, qui, par une tradition non interrompue, tire des assemblées primitives de la Nation, non l'exercice de son pouvoir actuel, il ne le tient que du Souverain, mais son origine, source antique & précieuse de la confiance nationale. Toutes les fois que le Prince exerce la puissance législative qui réside en sa Personne Sacrée, c'est dans ce dépôt que, par les formes essentielles de la vérification & de l'enregistrement, l'utilité générale est consultée, la sagesse de la loi est constatée, & que la loi nouvelle, avant d'être annoncée aux sujets, est comparée & liée aux loix anciennes, dont elle ne doit être qu'un écoulement. Loin de voir dans l'observation constante de ces formes publiques de l'Etat, une diminution de son autorité suprême, le Prince y a toujours reconnu le gage le plus assuré de son bonheur, si étroitement attaché à la félicité publique, & à la stabilité des loix. C'est dans les mêmes vues que l'Autorité Royale, en plusieurs occasions importantes, convoqua tant de fois les différens Ordres de l'Etat. Là des représentations respectueuses, exprimant le vœu commun de la Nation, déterminerent des Ordonnances générales, consacrées par la sanction de l'Autorité Souveraine, & revêtue des formes légales.

Du sein de cette Nation libre & généreuse, gouvernée par les loix, & si attachée à ses Souverains, de ce dépôt de loix fixe & invariable, l'on vit dans des tems orageux & difficiles (2) s'élever avec force la réclamation puissante des

(2) Sous Philippe-le-Long, Philippe-de-Valois, Charles VII, Henri IV.

loix gravées dans les cœurs françois, & soutenues par les efforts du zele ; les loix fondamentales assurerent l'ordre immuable de la succession à la Couronne, triompherent de la force armée, affermirent le Trône, maintinrent le Souverain légitime, & répousserent l'Etranger. Sous un gouvernement militaire & despotique, Vitellius & Othon pouvoient se disputer l'Empire du monde pour le déchirer, comparer les forces de leurs armées, pour savoir à qui tomberoient des troupeaux d'esclaves, sans que le sort du combat coûtât un vœu à la Nation, un seul effort à la loi ; car qu'importe à une Nation asservie & opprimée, le choix de ses Despôtes ? & quelles loix réclameront pour l'Empire d'une volonté incertaine & momentanée qui doit les détruire ? Mais sous le gouvernement françois, le lien indissoluble des loix attache à jamais la Nation au Souverain, & le Souverain à la Nation. De là ce spectacle continuel dans les annales françoises, la Nation réclamant & soutenant au prix de son sang, les loix qui assurent les intérêts & les droits sacrés du Souverain ; le Souverain, dans l'exercice d'une puissance modérée, maintenant les loix qui garantissent la sûreté de son Trône, & le bonheur de sujets si fideles.

Si des nuages passagers d'erreur & de surprise, dont les meilleurs Rois ne peuvent être garantis, portent quelqu'obscurcissement sur les loix & sur la liberté, les Magistrats dépositaires des loix, comptables de ce dépôt inaltérable au Monarque dont ils sont les Officiers, & qui le leur a confié ; comptables à leur propre conscience sur laquelle les Rois s'en sont déchargés ; comptables au bonheur de la Nation, à quatorze siecles de gloire, & à la Postérité ; comptables encore, si on peut le dire, à un autre espece de Tribunal invisible que le principe essentiel de la

Monarchie, l'honneur, répand dans tous les Ordres de l'Etat, & d'où ſe forme l'opinion publique que les Rois mêmes ſe font gloire de reſpecter, les Magiſtrats réclament, proteſtent pour les loix, ſans que jamais la réclamation porte atteinte au reſpect dont ils ſont pénétrés pour le Souverain. Dans l'attente du moment heureux qui doit, ſuivant les formes de l'Etat, porter juſqu'au Trône la voix de la vérité & la réclamation des loix, le François, s'il ſouffre, ne ſait que gémir, mais n'emploie jamais d'autres armes que les remontrances & les ſupplications. Il ſait que l'erreur n'eſt que d'un moment, que le cœur du Monarque eſt ouvert à la vérité, & que dès qu'il la connoîtra, l'Autorité Souveraine, par un prompt retour aux loix, effacera avec des traits de bonté durables l'impreſſion d'une erreur paſſagere.

Ainſi, d'un pays que le ciel avoit pris ſoin d'embellir, la douceur du gouvernement a formé pour le François une patrie chérie. Il reçoit de la ſtabilité des loix le caractere de citoyen. Des mœurs douces, nobles & franches, tournent ce caractere en ſentiment. Un amour naturel pour le Souverain, devient pour les ſujets un ſentiment plus doux, & auſſi fécond en actions héroïques, que la vertu rigide, & tant vantée des Républicains. La terreur & la crainte ſont réleguées dans les états deſpotiques; un principe plus puiſſant, l'honneur, regne ſur les différens ordres des citoyens, & ces ordres ſont rarement corruptibles en entier. Leurs droits & leurs devoirs ſont invariablement établis & fixés, & quelles que ſoient les diverſités de ces ordres, un lien commun les unit au Monarque qui en eſt le Chef. Rien ne manque à la félicité d'un pareil gouvernement; les nœuds durables en ſont reſſerrés par une religion de paix. Le Fondateur de la Monarchie demandoit à l'Apôtre des Gaules (3) quelle en seroit la durée. » Prince, elle subsistera tant que les loix & » la justice y régneront. » Depuis cet oracle de la piété & de la philosophie la plus sublime, combien de siecles ont confirmé, pour le bonheur de nos Rois & de leurs sujets, la durée de la Monarchie, les droits sacrés du Trône, la liberté bien ordonnée des citoyens, le regne de la justice, & la stabilité des loix ?

Dans l'ordre des loix qui maintiennent la liberté des citoyens, celles qui président à l'accusation, à la poursuite du crime, & à la défense de l'innocence, composent, sans doute, la portion la plus importante de la législation. Dans le droit public, les loix criminelles tiennent le premier rang. C'est la voix de l'humanité qui a inspiré, qui a dicté, sous la plume de Montesquieu, ces principes naturels, ces réflexions touchantes : « Que de la bonté des loix » criminelles dépend principalement la liberté » du citoyen, puisque sa liberté n'est que sa sûreté même, ou l'opinion qu'il a de sa sûreté : » que quand l'innocence n'est pas assurée, la » liberté ne l'est pas non plus ; que dans un état » modéré, où la tête du moindre citoyen est » considérable, on ne lui ôte son honneur & » ses biens qu'après un long examen ; on ne le » prive de la vie, que lorsque la Patrie elle-même l'attaque, & elle ne l'attaque qu'en » lui laissant tous les moyens possibles de la défendre, ensorte (ajoute cet Auteur) que » dans un état, où l'on auroit sur ce point les » meilleures loix possibles, un homme à qui » l'on feroit son procès, & qui seroit pendu » demain, seroit plus libre que ne l'est en

(3) St. Remy, voy. Æmil. de gest. Francorum.

» Turquie un Bacha, » (4) comblé d'honneurs.

Ce rapport immédiat des loix criminelles avec la liberté, les lie aux loix fondamentales de l'Etat, leur en donne la nature & la force. Leur établissement a été nécessairement déterminé par la volonté légale du Monarque ; leur objet les rapporte à l'intérêt public ; elles garantissent la sûreté des citoyens (5). Un autre caractere essentiel de toute loi, c'est le vœu de la perpétuité (6). Une sanction sacrée & immuable doit régler l'exercice legal du droit Souverain de vie & de mort. Et si par des considérations politiques, l'administration pouvoit dans l'ordre civil relâcher les liens indissolubles de la législation, elle ne le pourroit jamais en matiere criminelle : car c'est spécialement aux loix criminelles qu'appartient la regle primitive ; que la loi statue en général, & non contre les personnes (7). De même que son principe, sa disposition est générale (8). Elle embrasse toute la société, sans pouvoir jamais être ni personnelle ni momentanée : la loi ne connoît pas les personnes : c'est l'accusation publique qui seule dirige l'application de la loi vers tel ou tel citoyen : mais cette application doit elle-même être publique & conforme à l'ordre des loix ; c'est une affaire générale & majeure.

---

(4) Il n'est personne qui ne sente la différence des honneurs & de l'honneur. Heureux le gouvernement où l'on pourroit d'un seul mot exprimer l'un & l'autre.

(5) *Lex est coercitio delictorum .... communis Reipublicæ sponsio.* ff.

(6) Voy. Le préambule de l'Ordonnance sur les donations, en 1731.

(7) *Lex generaliter, non in personas statuitur.*

(8) *Lex est commune præceptum.* ff. *Quidquid lege decernitur, observetur : Capital....*

D'une part, l'intérêt public, la patrie accuse; de l'autre, un citoyen se défend en face de la loi. Qu'il soit absous ou condamné, l'intérêt de la loi est égal; elle venge l'ordre public troublé par un particulier, ou maintient, dans la personne de l'innocent, la sûreté de tous les citoyens. Mais cet acte définitif sera précédé de l'observation exacte de toutes les formes établies pour convaincre le coupable, ou pour justifier l'innocent: & l'incertitude qui subsistera dans tout le cours du procès criminel jusqu'au jugement, la loi la tournera en une présomption naturelle pour l'innocence de l'accusé, elle lui appliquera la faveur & l'avantage du doute; la conviction manifeste pourra seule changer l'état du citoyen, & déterminer son sort.

Ainsi, dans les assemblées de la Nation Françoise, Clotaire développoit les principes de la sûreté. L'accusation ne doit pas être secrete: l'accusé sera entendu, & ne sera condamné qu'après la discussion la plus exacte (9) Ainsi

---

(9) Usus est clementiæ principalis necessitatem subjectorum.... providâ sollicitiùs mente tractare & pro quiete eorum quæcumque sunt justè observanda.... conscribere quibus quantum plus fuerit justitiæ & integritatis impensum, tantùm proniùs amor devotionis incumbit; ideoquè per hanc generalem autoritatem præcipientes jubemus, ut in omnibus causis antiqui juris forma servetur, & nulla sententia à quolibet Judice vim firmitatis obtineat, quæ modum legis atque æquitatis excedit. Si quis in aliquo crimine fuerit accusatus, non condemnetur penitùs inauditus, sed si in crimine accusatus & habitâ discussione fuerit convictus pro modo criminis, sententiam excipiat ultionis.... Si quis autoritatem nostram subreptitiè contrà legem elicuerit fallendo Principem non valebit. *Capitul. Baluzii. Tom.* 1. *anno* 560.... Ut autoritates cum justitiâ & lege competentes in omnibus habeant stabilem firmitatem, nec subsequentibus autoritatibus contrà legem elicitis vacuentur. *Ibid.*

Charlemagne repétoit à la Nation, qu'aucun citoyen n'eût à craindre de se voir opprimé, condamné, accusé ailleurs qu'en face de la loi. Il ajoutoit que personne ne seroit validement accusé, si l'accusateur lui-même ne paroissoit en justice pour courir avec l'accusé les risques du jugement. Il portoit la vue sur le tems nécessaire à la défense de l'accusé, & montroit plus de sollicitude pour l'innocent, que de rigueur pour le coupable (10). Ainsi Charles-le-Chauve renouvelloit à la Nation assemblée, & dans les termes les plus énergiques (11), la garantie de cette

---

(10) Ut nullus præsumat hominem in judicium mittere, nisi judicatum fuit. *Carol. magn. Cap. tert. ann.* 803 *art.* 11.

Ibid. Nemo debet judicari aut damnari priusquàm accusator præsens habeatur, & spatium non modicum accipiat accusatus ad abluenda crimina. *Cap. de Bal. lib.* 7. *pag.* 1064. *Tom.* 2. *art.* 184.

Omninò voluntas Regis est ut unusquisque homo suam legem pleniter habeat conservatam, & si alicui contrà legem factum est, non est voluntas sua, nec jussio. *Ibid. Cap. Tom.* 1. *pag.* 342.

Injustum judicium & definitio injusta Regio metu vel jussu à judicibus ordinata non valeat. *Ibid. pag.* 910.

Ut nullus præsumat alium sine lege opprimere. *Ibid Tom* 1. *pag.* 404.

(11) Veraciter de nobis sint securi (nostri fideles) quia quantum potuerimus & justè & rationabiliter scierimus unumquemque secundùm sui ordinis dignitatem honoratum ac salvatum conservare volumus, & unicuique in suo ordine honoratum conservare volumus, ratam rationem & justitiam conservabimus, & nullum fidelium nostrorum contrà legem vel justitiam aut autoritatem & justam rationem aut damnabimus, aut deshonorabimus, aut opprimemus, vel indebitis machinationibus affligemus, & legem unicuique competentem.... in omni dignitate & ordine nos servaturos perdonamus & capitula quæ Avus & Pater noster.... pro pace ac justitiâ populi ac quiete Regni constituerunt & quæ nos cum fratribus nostris Regibus & *nostris fideli-*

sûreté précieuse, sans laquelle il n'y a point de liberté, point de patrie.... Ainsi dans tous les âges de la Monarchie, nos Rois ont mis sous la sauve-garde inviolable des Loix, des Formes & des Tribunaux fixes, qui en sont les dépositaires & les gardiens, la vie, l'honneur, la dignité de tout citoyen. Ce que l'on a remarqué de la forme du gouvernement, on peut le dire de l'économie de nos loix criminelles. Dans la variation des mœurs, des usages, & même des loix purement civiles, les loix criminelles ont acquis, avec une stabilité confirmée sur leurs principes essentiels, une perfection dont elles n'étoient pas susceptibles dans les premiers âges, sur le genre des preuves, sur l'exactitude des formes. Telle est, pour en citer un exemple, cette institution admirable qui prépose un Officier public aux accusations. Elle concilie la maxime primitive, que toute accusation doit être publique, & que l'accusateur doit paroître, avec cette autre maxime faite pour une Monarchie & pour une Nation douce : que l'accusation ne doit jamais devenir une source de délations viles & infames, ni un instrument de passion & de haine entre les concitoyens. Le ministere public accuse au nom du Souverain, & devant la loi ; mais avec la précaution nécessaire de faire signer la dénonciation, si d'ailleurs il ne concourt pas avec une partie civile, qu'un corps de délit constaté intéresse. L'accusé toujours sûr de remonter à la source de la délation, à côté du risque accablant de succomber,

bus constituimus, sed & quæ nos consilio & consensu Episcoporum ac cæterorum Dei & nostrorum fidelium pro suprà scriptis causis, in diversis placitis nostris conservanda statuimus & manere inconcussa decernimus.... post hæc lecta capitula, &c. *Cap. Bal. Tom. 2. pag.* 269.

s'il eſt coupable, enviſage avec conſolation, avec confiance, la reſſource d'une réparation, la vengeance de la calomnie, s'il eſt innocent.

L'heureuſe conſtitution du gouvernement françois a donné dans tous les tems aux loix criminelles, l'attention que méritoit leur importance ; une ſtabilité eſſentielle liée à celle de l'Etat, embraſſe, maintient, garantit le ſyſtême entier des loix criminelles. Elles déterminent la nature & les différentes eſpeces de crimes, de délits, qui troublent l'ordre public ; elles établiſſent la néceſſité d'un corps de délit conſtaté, & le genre des preuves qui conduiſent au coupable : elles fixent la proportion des peines avec les crimes : elles preſcrivent les formes ſalutaires de l'accuſation, de l'inſtruction, de la pourſuite & de la défenſe de l'accuſé, de la conviction & du jugement (formes ſi ſacrées (12), que de l'inobſervation d'une ſeule, réſulte dans la procédure un moyen de nullité). Mais ni l'attention, ni la ſtabilité de la loi n'a été appliquée, n'a du l'être d'une maniere plus ſpéciale, qu'à la compétence du Tribunal fixe & impartial, qui, ſervant d'organe à la loi, peſe & déclare les preuves, condamne le coupable, abſoud l'innocent, & le venge de la calomnie.

La compétence eſt donc, & dans l'ordre public, & même dans le droit naturel, la premiere des loix criminelles, puiſque toutes les autres y tiennent. Deſtinée à reunir la confiance du Souverain, celle de la Nation, celle de l'accuſé, elle eſt une forme ſacrée de l'Etat,

---

(12) Voy. l'Ordonnance de 1670, *Paſſim*, & toutes les Ordonnances antérieures en matiere criminelle. On y trouve toujours cette ſanction importante à la fin des diſpoſitions — *A peine de nullité.*

elle pose sur la baze de la constitution même de l'Etat : l'ordre des Jurisdictions, si respectable en matiere civile, est d'autant plus invariable en matiere criminelle, que l'intérêt public est supérieur à l'intérêt particulier, la vie & l'honneur, à un objet pécuniaire, & le droit public, au droit privé.

C'est en face de la loi que le citoyen doit être jugé ; c'est donc dans le Tribunal que la loi désigne. Elle a composé ce Tribunal, elle a fixé les juges de l'Etat, elle a lié leur établissement à la confiance générale, elle a assuré pour tous les tems, pour toute la société, l'impartialité des juges ; elle a déterminé leurs épreuves, elle a fixé leurs fonctions. Quelles fonctions plus importantes que celles qui consistent à appliquer l'intérêt public & l'autorité du Souverain, à la punition du coupable, ou à l'absolution de l'innocent ?

Toutes les autres loix criminelles, & plus spécialement encore celles qui réglent la compétence, doivent donc réunir tous les caracteres essentiels de la loi, généralité, perpétuité, seuls garants de l'impartialité.

Le Tribunal doit donc représenter à l'accusé le dépôt fixe des loix, des loix générales établies non contre lui, mais pour l'intérêt public qu'on l'accuse d'avoir blessé, intérêt public qui le défendra lui-même, s'il est innocent. Ces loix, sous l'empire desquelles il a vécu, ne peuvent changer au moment de l'accusation, ni pour, ni contre lui. La justice lui est due d'une maniere uniforme & générale, qui n'ait rien d'arbitraire. Ce ne fut pas contre lui, ce fut pour tous les citoyens de son ordre, que furent faites les loix qui désignent à l'accusé ses Juges, & qui l'appellent devant eux. Il les trouve toutes établies, ces loix, il les connoissoit, il y voyoit les conditions de ſon exiſtence civile ; ces conditions fixes ne peuvent être changées pour le ſauver, ou pour le perdre.

La loi criminelle n'a pas été faite & n'a pu l'être contre un ſeul particulier nommément. On ne peut donc à l'inſtant d'une accuſation ériger un tribunal momentané, factice, choiſi pour ou contre l'accuſé. De ce point de vue que l'on examine, que l'on juge pour tous les tems, pour tous les lieux, l'illégalité d'une commiſſion extraordinaire qui ſeroit établie, érigée, choiſie pour juger un citoyen. Peut-on dire que ce ſoit la loi qui établit un pareil tribunal ? Il n'y a point de loi pour une affaire particuliere, il ne peut y avoir qu'un jugement. Une loi peut bien être provoquée, & occaſionnée par une affaire particuliere, mais jamais pour la juger. Ce ne peut donc être une loi ; ce ne pourroit être qu'un jugement.

Si l'érection d'une commiſſion n'eſt pas loi, elle eſt encore moins l'exécution des loix établies. Loin de les exécuter, elle les détruit ; & elle les détruit, non par une loi nouvelle qui y déroge dans les formes légales, puiſqu'elle n'eſt pas loi, mais par une volonté purement arbitraire & contraire aux loix.

Ce n'eſt donc pas dans l'ordre de la légiſlation que cette commiſſion trouvera ſon fondement & ſa légitimité, puiſqu'au contraire elle le trouble & l'intervertit.

Sera-ce un acte de puiſſance légiſlative ? Il n'en a ni la forme ni les caracteres. Il n'en a pas la forme. Il n'eſt point rédigé en ſtyle de loi, il n'eſt point vérifié dans les Cours, il n'eſt point promulgué. Il n'en a point les caracteres. Tout acte de puiſſance légiſlative, en tant que puiſſance légiſlative, eſt loi, & il eſt évident que l'érection d'une commiſſion n'eſt pas loi. Sa nature y répugne, puiſqu'elle n'eſt que momentanée, & pour une affaire particuliere, & que toute loi est générale, perpétuelle pour tous les tems & pour tous les cas.

La puissance de juger réside éminemment dans le Souverain comme tout autre pouvoir. Il en est le propriétaire & la source unique; mais il ne l'exerce jamais que selon les loix, & dans l'ordre des loix. C'est la différence essentielle qui distingue le Monarque du Despote. Le Despote peut envoyer le lacet à celui qu'il a condamné, sans aucune instruction préalable. Le jugement est légitime lors même qu'il est injuste; il est rendu sous un gouvernement qui ne connoît que l'esclavage, & où tout est concentré dans la volonté arbitraire du Souverain. Le Monarque au contraire abhorre cet excès du pouvoir. Il a des tribunaux fixes pour juger, il a des formes invariables pour instruire les procès. Ces établissemens sont tout à la fois, & loix de son Etat, & privileges de ses Sujets. Il peut sans doute changer ces formes, en observant les formalités légales; mais il ne peut pas les supprimer toutes, ni se réserver de juger les accusés sans tribunaux & sans formes. Les loix sont ses yeux, il voit par elles ce qu'il ne pourroit voir sans elles; (13) & comme il en a confié la garde aux Magistrats, c'est par eux qu'il doit recueillir la lumiere qu'elles rassemblent. Trop d'occupations le distraient, & l'empêchent de les avoir toujours présentes. La Majesté Royale ne peut d'ailleurs descendre dans le détail de l'instruction, ni dans la recherche des preuves. Quelle terreur

---

(13) Montesquieu ajoute : *Il travailleroit, non pour lui, mais pour des séducteurs contre lui.*

On ne nommera plus qu'une fois Montesquieu. On ne peut promettre de ne le pas citer, chose impossible, lorsqu'on écrit sur le droit public.

l'éclat du trône n'imprimeroit-il pas même à l'accusé, s'il étoit obligé d'y comparoître pour être interrogé ? Enfin, le Monarque sembleroit s'interdire le droit si glorieux de faire grace au coupable que lui-même auroit condamné. C'est donc avec sagesse que nos Rois ont établi en loi de s'en reposer sur la fidélité & la vigilance des Tribunaux, pour juger les accusés sous son autorité, & pour leur appliquer les peines prononcées par les loix.

D'ailleurs dans le droit de juger n'est pas renfermé celui de soustraire les accusés à leurs Juges naturels, aux Tribunaux que les loix leur ont donné, pour les soumettre à d'autres Juges qu'elles n'avouent point. Ainsi l'administration est confiée au Conseil du Prince ; c'est par les personnes qui le composent, qu'il fait passer les ordres qu'il lui plaît de donner pour la direction & la conduite générale de l'Etat : mais ce Conseil n'est point établi pour connoître des causes civiles & criminelles des particuliers, si ce n'est par voie de recours. Une commission extraordinaire n'est pas même ce Conseil auguste, elle est un composé de juges choisis pour une affaire particuliere qui n'entre point dans l'économie de l'administration, qui appartient au contentieux, & pour laquelle les loix du royaume ont établi des Tribunaux réglés, qui par leur stabilité se sont acquis la confiance des peuples, & qui, sous l'autorité du Prince, sont l'expression vivante de l'impartialité de la loi.

Si une commission extraordinaire en matiere criminelle, ne peut être, ni un acte de législation, ni l'exercice de la puissance & du droit de juger, ni un acte d'administration, qu'est-elle donc ? un acte illégal, un acte de puissance absolue ? Un pareil Tribunal réuniroit tous les dangers de ce Tribunal odieux, dont la France a toujours écarté les approches, & dont elle craint, pour ainſi dire, de proférer le nom ; les délations ſourdes, les accuſations vagues, les crimes recherchés, les calomnies étudiées, l'inobſervation des formes. Les Commiſſaires ne tenant de la loi, ni le droit, ni le devoir de juger, la conſtitution de l'Etat ſeroit intervertie, les droits de la liberté violés par le fait, l'ordre fixe de la légiſlation & des Tribunaux troublé. Là ne régnéroit plus ſur un Tribunal impartial la direction générale & perpétuelle de la loi, mais une aſſociation de Juges choiſis, qui, par cela ſeul qu'ils ſont choiſis, prêtent de toutes parts, au ſoupçon & à la crainte, des impreſſions de la haine, de l'intérêt, & des paſſions.

Dans une République, une Commiſſion ſeroit le choix d'une cabale ; dans une Monarchie, le fruit d'une intrigue pour tromper le Prince, un choix arbitraire extorqué par l'importunité, ſurpris par l'adreſſe des puiſſans contre le foible, quelquefois d'un puiſſant coupable contre l'intérêt public. Car tel ſeroit l'objet alternatif de ces actes d'autorité, perdre un innocent, ou ſauver un coupable. Enfin, quel que fût le Jugement de ce Tribunal momentané & illégal, il ne porteroit jamais dans la Nation cette opinion eſſentielle & néceſſaire, qu'un citoyen vient d'être condamné, vient de diſparoître pour avoir bleſſé l'ordre public, ou qu'un citoyen vient d'être abſous juſtement ; que l'abſolution de l'un ne porte pas atteinte aux loix qui demandent que l'ordre public ſoit vengé ; que la condamnation de l'autre n'eſt pas une infraction de la ſûreté publique : jamais à un pareil Tribunal, en perdant la vie, un citoyen ne perdroit l'honneur ; jamais, en la conſervant, un coupable abſous n'échapperoit à l'infamie.

Tels ſont les principes immuables du droit naturel & de tout droit public ſur la puiſſance de juger, & ſur l'exercice légal de cette puiſſan-

ce

ce contre un citoyen accusé. Quelque forme différente que les loix positives aient pu donner à ces principes, les gouvernements modérés en offrent dans tous les tems le fond essentiel, les Républiques comme les Monarchies : car ce n'est point sur les regles primitives des loix criminelles, que ces deux especes de gouvernements different.

O Athéniens ! est-ce justement ou injustement que vous voulez nous faire mourir, disoit Phocion, parlant pour sa propre défense & pour celle de ses amis ? C'est justement, sans doute, répondit la multitude. Si c'est justement, reprit Phocion, vous ne le pouvez sans forme & sans nous avoir entendus. Un homme de bien s'éleva en ce moment, reclama la loi essentielle de la compétence, demanda que l'on fit sortir de l'assemblée quantité d'esclaves & d'étrangers que les ennemis de Phocion y avoient amenés. La voix du citoyen ne fut pas écoutée. Un jugement inique, formé par une multitude de Juges, sans pouvoir & sans caractere, condamna Phocion & ses amis. Après sa mort, dans une assemblée où les loix furent rappellées, on pleura sur les cendres du meilleur citoyen d'Athenes; on condamna l'infame accusateur Agnonides, & une vile poignée de délateurs. Un jugement solemnel & légal honora la mémoire de ce grand homme injustement condamné : la Patrie lui érigea une statue (14).

(14) Les gens de bien & d'honneur, aussi tôt qu'ils virent Phocion, baisserent les yeux contre terre ; & se couvrant la face, de peur de le voir, se prirent à pleurer. Toutefois il y en eut un qui, se levant sur ses pieds, dit haut & clair.... Il seroit à tout le moins bien raisonnable qu'on fit retirer de cette assemblée les Serfs & les Etrangers qui ne sont point bourgeois d'Athenes.... Phocion fut condamné à mort.... Quelqu'un des assistans lui demandant s'il vouloit

A Athenes, l'accusation publique étoit portée à l'assemblée du peuple ; mais les loix avoient fixé le nombre & la qualité des citoyens qui devoient composer cette assemblée. A Athenes le peuple étoit souverain ; mais les principes essentiels de tout gouvernement légitime ne permettent pas de confondre la puissance législative avec l'exercice de la puissance & du droit de juger. Une loi admirable avoit donc établi que l'Aréopage, dépôt fixe & permanent des loix, revît l'affaire ; que s'il croyoit l'accusé injustement absous par le peuple, il l'accusât de nouveau ; que s'il croyoit l'accusé injustement condamné, il arrêtât l'exécution du jugement, & fit rejuger l'affaire. Dans un moment d'orage, une cabale puissante, la haine, l'envie, l'ambition, couvertes du nom d'intérêt d'Etat, soutenues par les efforts d'un sophiste, firent taire toutes ces loix pour Phocion : il fut jugé par une assemblée composée, pour la plus grande partie, d'esclaves & d'étrangers ; il périt. Exemple mémorable des dangers de tout acte d'autorité contraire aux loix de la compétence. Quand ces loix sont violées, ce n'est plus une punition réguliere & légale : il n'y a que la loi, il n'y a que l'exercice de son autorité qui puisse dénaturer l'horreur primitive de l'homicide ; elle seule peut dans l'exercice du droit de vie & de mort en faire un acte de justice.

A Rome, dans le tems de la République & de la vertu, sous l'autorité despotique des Empereurs qui succéderent, il n'y avoit point de droit public (15). A Rome, dans le temps que

---

mander aucune chose à son fils Phocus.... Oui, certes, dit-il ; c'est qu'il ne songe jamais à venger le tort que me font les Athéniens. *Vie de Plutarque, Traduction d'Amyot. Vie de Phocion.*

(15) Y avoit-il un droit public dans un gouverne-

la vie, la liberté, le nom de citoyen étoient comptés pour quelque chose, les accusations capitales n'étoient jugées que dans les grands Etats du peuple, appellés Comices par centuries, il falloit une loi pour infliger une peine capitale; pour condamner à une peine pécuniaire, il ne falloit qu'un Plébiscite, & les Comices par Tribus ne jugerent que les crimes dont la peine n'étoit qu'une amende. Caton, le plus grand homme de Rome libre, fut accusé quarante-deux fois, & quarante-deux fois absous. Caton auroit péri, si ses ennemis avoient pu lui choisir un Tribunal.

C'est trop s'arrêter à des exemples étrangers; sans suivre la trace précieuse du droit naturel chez tous les peuples, & dans tous les tems; bornons-nous à la chercher dans la constitution françoise. Jamais il n'y eut en France de loi plus inviolable que celle qui fixe, en matiere crimi-

---

ment où nulle loi n'avoit osé établir l'ordre de la succession au Trône, où les soldats faisoient, défaisoient à leur gré les Empereurs, où, sous le nom de loix, la volonté Impériale proposoit publiquement des récompenses aux délateurs, établissoit des espions publics sous le titre de *Curiosi & Stationarii*, (Voyez le Code Théodosien) où des gens se dénonçoient eux-mêmes pour faire le profit du dénonciateur; (*quadruplum*) où sans forme, sans figure de procès, l'Empereur envoyoit aux Thraseas, aux Séneques l'ordre de se couper les veines; où les sujets se réjouissoient des revers de l'Empire; où les Empereurs furent égorgés souvent par la main de ceux dont ils avoient ordonné la mort; où Papinien, célebre Jurisconsulte, refusant à Caracalla d'écrire pour justifier le meurtre de Géta, égorgé par Caracalla son propre frere, paya de sa tête, à l'âge de 36 ans, le refus de sa plume, disant qu'il étoit plus facile pour un Empereur de commettre un meurtre, pour un sujet de le souffrir, que pour un Jurisconsulte de l'excuser ..... enfin, dans un gouvernement ..... où Caligula proposa son cheval pour Sénateur?

nelle, la compétence & l'impartialité du Tribunal. Citoyens honnêtes & vertueux, aimez à voir, dans le cours de quatorze siecles, l'accord des loix positives, des loix fondamentales de votre Patrie, avec la loi naturelle, avec la liberté; aimez à voir les loix établir votre sûreté, en fixant l'ordre des Tribunaux, & en réprouvant toute commission èxtraordinaire. Tout concourt sur ces deux points essentiels; l'autorité suprême, le vœu de la Nation, l'attention des corps dépositaires de la loi, la voix de l'humanité dans l'histoire, la voix de l'équité raisonnée sous la plume des Jurisconsultes & des Politiques.... Que n'est-il possible d'éloigner de ce tableau, & d'épargner à votre sensibilité les exemples déplorables d'une foule d'innocens arrachés aux loix, pour être condamnés par des Commissaires; mais ces exemples ont eux-mêmes concouru à faire renouveller la sanction perpétuelle qui assure la compétence, & qui dévoue à l'animadversion publique l'érection de tout Tribunal momentané, de toute Commission extraordinaire.

Lorsque sur les ruines du despotisme Romain, mal défendu contre le cri de l'humanité par des armées nombreuses, & par des soldats mercénaires (16), les Francs vinrent du fond de la Germanie établir dans les Gaules une Monarchie durable, ils réunirent avec la force des armes victorieuses (17) la force non moins

(16) Multi jam tùm ex Galliis habere Francos dominos summo desiderio cupiebant. *Greg. Tur. hist. lib. 2. N°. 36.*

Gens Francorum quæ parva dùm esset numero durissimum Romanorum Jugum de suis cervicibus excussit. *Proleg. Lege Salica.*

(17) Placuit inter Francos, & eorum Proceres ... quia cæteris Gentibus juxtà se positis forti-

puiſſante de mœurs ſimples & de loix qui reſpiroient la liberté. Ils mêlerent à la conſtitution de ce nouvel Etat, cette regle précieuſe du droit public, liée à leur conſtitution originaire : Que toute accuſation capitale devoit être portée devant le Conſeil général de la Nation. *Licet apud Conſilium accuſare & diſcrimen capitis intendere* (a). C'étoit-là qu'en face de la loi un Franc étoit accuſé, convaincu, jugé, condamné, s'il avoit troublé l'ordre public, & trahi les intérêts de l'Etat. L'accuſation de ce crime capital étoit une de ces affaires majeures (*b*) qui appartenoient à l'aſſemblée générale, au Parlement de la Nation (18). Il eſt vrai que dans les mœurs des Francs les crimes d'Etat alors étoient les ſeuls crimes publics ; pour tous les autres on compoſoit de la vie, & ces compoſitions, objet d'une affaire particuliere avec l'offenſé, ou avec ſa famille, appartenoient plus au droit privé qu'au droit public, au cours naturel de la vengeance, qu'à l'ordre civil : mais ces vengeances privées ne laiſſoient pas d'être ſoumiſes à la loi, & tempérées, réglées, comme tout autre objet civil, par la Juriſdiction

---

tudinis brachio præeminebant, ità etiàm legum auctoritate præcellerent. *Prol. Leg. Sal.*

Gens Francorum fortis in armis profundaque in conſilio. *Leg. Sal.*

(a) *Tacit. de moribus Germ.*

(*b*) De rebus minoribus Principes, de majoribus conſultant omnes. *Tacit. de moribus Germ.*

(18) *Parlamentum*, *Placitum*, *Mallus*. . . . Ce dernier mot dans la langue Tudeſque ſignifie *parole*. C'eſt dans ces aſſemblées que la Nation parlementoit avec le Monarque ſur les differentes affaires publiques, & jugeoit les cauſes majeures. Nos anciennes Juriſdictions ont porté long-temps le nom de *parloir aux bourgeois*, *de parloir du roi*, ce qui rentre dans les autres noms qu'on leur a donnés enſuite . . . de *Judicium francorum*, & de *Parlament.*

naturelle de Magistrats établis alors sous le nom de Princes (*c*). Ces Magistrats, subordonnés à l'autorité des loix, rendoient la justice ordinaire dans les différens territoires; ces mêmes Magistrats, élus par la Nation, étoient dans les affaires publiques les assesseurs des Rois Francs, & les principaux membres du Conseil général. Ils avoient à leur tour, pour rendre la justice territoriale & ordinaire, un grand nombre de Juges subordonnés, élus eux-mêmes par le peuple (*d*). Tel est l'ordre primitif des jugemens apportés dans la Monarchie françoise par les Germains, & le fond en est reconnoissable dans la législation des deux premieres races de nos Rois.

Ce n'est pas ici le lieu de suivre, sous ces deux races, les formes différentes que forcerent de donner à l'assemblée générale de la Nation l'étendue des conquêtes, la différence des peuples fondus dans la Monarchie, & la multiplicité des Francs; ce n'est pas le lieu de faire voir par quels degrés ces assemblées primitives, qui réunissoient dans un tems fixe tous les citoyens, tous ceux qui faisoient tête dans l'Etat, se réduisirent insensiblement à ceux qui y tenoient un rang, ensuite aux grands seuls, connus alors sous le nom de Ducs, Comtes, Prélats, Sénateurs (19); comment cette Assemblée, ce Parlement général se réunit à la Cour du Roi (20);

(c) *Eliguntur in iisdem consiliis & principes qui jura per pagos vicosque reddant. Tacit. de morib. German.*

(d) *Centeni ex plebe comites. Tacit. de morib. Germ.*

(19) Le nom de Pairs fut bientôt connu; mais dans son principe il s'appliquoit à tous les hommes d'une même condition, grands ou petits. De là vint la regle générale de l'Etat, que chacun devoit être jugé par ses Pairs.

(20) Hincmar de Rheims distinguoit le Parlement général de la Cour du Roi. Il dit, après avoir parlé du

comment cette Cour, sous le titre de Cour pléniere, représentoit en certains temps fixes l'assemblée de la Nation ; comment cette assemblée représentative répondit constamment au vœu général, à l'esprit national, & à la constitution de l'Etat, soit dans la fixation certaine du tems où la Cour pléniere devoit se tenir (21), soit par la forme dans laquelle elle se tenoit, la qualité des personnes qui y assistoient (22), la na-

---

Parlement général où se faisoient les loix, qu'il y en avoit un autre où elles se proposoient. *Aliud placitum cum Senioribus tantum, & præcipuis Consiliariis habebatur. De ord. Pal. Cap.* 30. C'est ce Conseil qui préparoit les objets faits pour être portés au Parlement général. On les retrouve très-séparés sous la premiere & la seconde race. A la fin, le Parlement se fondit dans la Cour du Roi, qui prit le nom de Cour Pléniere — Lit de Justice — *Curia Solemnis* — lorsqu'à un tems fixe de l'année, les membres de la Cour du Roi, & les grands de l'Etat se rassembloient pour représenter le Parlement général, duquel, sous l'autorité du Souverain, émanoit la législation... *Mezerai, à la fin de l'Hist. de la Vie de Charlemagne. L'excellent Ouvrage intitulé : Lettres Historiques sur les Parlemens & sur les maximes fondamentales du Royaume, imprimé en* 1753.

(21) Lors de l'établissement des Francs dans les Gaules, le Parlement, étant le concours nombreux de tous les Francs, ne se tenoit qu'une fois l'an. Il devint moins nombreux, & se tenoit jusqu'à quatre fois dans l'année. Enfin, il se tint deux fois, à la Saint Martin & à la Pentecôte, sous Charlemagne. *Consuetudo nunc temporis erat ut non sæpiùs sed bis in anno Placita duo tenerentur. Hincmar de ord. Pal. cap.* 29. — *Ut ad Mallum venire nemo tardet primùm circà æstatem, secundo circà Autumnum. Cap. ann.* 765. — *Conventus generalis... Capitul.*

(22) Le Parlement étoit présidé par le Roi, accompagné de Magistrats connus d'abord sous le nom de Princes & de Grands de differens ordres, soit Ecclésiastiques, soit Laïques, Ducs, Comtes, Prelats, Barons, Senateurs. *Grégoire de Tours, passim, Hincmar de Rheims*, Ces Princes, ces Comtes dis-

ture des objets qui y étoient portés, police générale, affaires majeures, législation, soit par la maniere dont elle étoit préparée par ses représentans (23); par quelles regles, par com-

---

persés dans les différens territoires pour y présider aux Tribunaux des provinces & des villes, se réunissoient dans le temps marqué auprès de la Personne du Roi, pour y former cette assemblée représentative de la Nation, ce Parlement général, cette Cour pléniere; d'autres restoient auprès de la Personne du Roi, au nombre nécessaire, pour lui servir de Conseil dans les affaires journalieres.

(23) Les Ducs, les Comtes, qui devoient se rassembler en certains tems de l'année, pour former la Cour pléniere; le Parlement général dispersé dans les différens territoires, pour présider aux Tribunaux des provinces & des villes, pendant qu'il ne restoit auprès du Monarque que le nombre nécessaire de Grands, pour l'assister dans l'administration ordinaire, devoient tenir dans leur canton des assises, des placités, de petits Parlemens, qui étoient en petit, ce qu'étoit dans l'origine le Parlement général. Le peuple étoit interrogé sur les loix nouvelles qui devoient être faites dans le premier Parlement général, ou qui avoient été préparées par les Capitulaires provisoires. Lorsque de ces Placités, modele antique des Etats provinciaux, les Ducs, les Comtes se rendoient à la Cour pléniere dans le tems fixé, ils y rapportoient le vœu général de leurs territoires; ils devoient amener avec eux un certain nombre de représentans; & c'étoit par cette voie que, du concours libre de tous, & de l'utilité publique connue, la loi se formoit dans le Parlement, dans la Cour pléniere, sous l'autorité souveraine du Prince.

» Vult Imperator ut in tale Placitum quale ille » nunc jusserit, veniat unusquisque comes, & adducat secum duodecim Scabinos si tanti fuerint, sin » autem de melioribus hominibus illius comitatûs » suppleat numerum duodenarium & cum eis Advo» cati tunc Episcoporum, Abbatum, & Abbatissarum » veniant. *Cap. Tom.*

» Populus *interrogetur* de Capitulis quæ in lege no» viter addita sunt, & postquam omnes consenserint » subscriptiones faciant. *Cap.* 3. *ann.* 803. Habeat

bien de précautions on s'assuroit de l'utilité publique, lorsqu'il devint difficile d'assembler la partie majeure de la Nation (24); comment enfin de ces Parlemens généraux, de ces Cours plénieres, émanerent tant de loix qui formerent un droit public inconnu aux Romains, qui ont servi de modele aux Etats modérés de l'Europe, & qui sont encore l'admiration des siecles modernes..... L'objet de cet écrit ne me rend attentif qu'au rapport fixe qu'eut cette économie de législation avec ce gouvernement

---

» unusquisque comes Vicarios & Centenarios suos, » nec non de primis Scabineis suis tres aut qua- » tuor.

On ne multipliera point les preuves de l'influence directe qu'eurent la Nation françoise, le vœu général & l'utilité publique sur les loix générales des deux premieres races. On prend au hazard les premieres autorités que fournit le recueil des capitulaires dans Baluze & dans Dom Bouquet.

» Hoc decretum est apud Regem & Principes, » & apud cunctum populum Christianum qui infra » regnum Merwingorum consistunt..... *Præf. leg.* » *Sal.* Nos omnes Calendas Martias de quâcumque » conditione unà cum nostris Optimatibus pertrac- » tavimus. *Art.* 1. *Decret.*.... *anno* 595.... Pari » conditione convenit Calendas Martias omnibus » nobis adunatis. *Art.* 5 Unà cum nostris Optima- » tibus fidelium pertractavimus..... de consensu » fidelium nostrorum.... in nostrâ & procerum » præsentiâ. *Voy. Passim*, les Capitulaires de la premiere & seconde race..... Generaliter omnes admonemus ut quæ præterito anno legi Salicæ per omnium consensum addenda esse censuimus jam non ulterius Capitula, sed lex, dicantur, & pro lege teneantur. Cap ann. 821. art. 5..... Capitula patris nostri quæ Franci pro lege tenenda judicaverunt. Cap. ann. 837. — Lex consensu populi fit & constitutione Regis. *Cap. ann.* 864. *Art.* 6.

(24) On trouve sous les deux premieres races, & particuliérement sous Charlemagne, des assemblées vraiment générales. *Voy.* les autorités recueillies par l'Abbé de Mably.

général, le droit, la puissance de juger, & l'ordre stable des jugemens, sur-tout en matiere criminelle.

L'ame sensible du citoyen doit goûter une satisfaction bien douce, l'indifférence même du Philosophe doit être émue en voyant surnager dans l'obscurité de l'histoire, parmi les troubles, les révolutions & le cahos de cinq siecles; en voyant dominer par intervalles, dans une législation fixe, ces premieres regles d'équité & de droit public; qu'un citoyen ne doit perdre l'honneur ou la vie que devant les loix; qu'aucune accusation ne doit être secrete; qu'il doit être pourvu à la sûreté de l'innocence, comme à la punition du crime, devant les Juges désignés par les loix, seuls Juges publics & avoués de la Nation.

On a déja vu avec quel soin, dans quels termes énergiques, Clotaire, Charlemagne, Charles-le-Chauve, garantissoient la sûreté publique (25); mais combien de Capitulaires ont répété ces dispositions importantes: *Nul citoyen ne sera privé de sa dignité, de son état, sans l'autorité de la loi* (26); *que le citoyen vive tranquille sous l'empire de la loi* (27); si quelqu'un trouble l'ordre public, trahit l'Etat, viole les loix, il doit être jugé par les loix & par l'autorité souveraine dans le Parlement général (28). C'est-là qu'on continua de porter les

---

(25) Voyez les notes ci-dessus, pag. 24.

(26) Neminem privari suâ dignitate absque legali sanctione aliquem nostrorum fidelium volumus. *Capit.*

(27) Cum honore & securitate secundùm suam legem unusquisque absque injustâ inquietudine vivat. *Capitul.*

(28) » Volumus ut omnes fideles nostri certissi- » mum teneant, neminem cujuslibet ordinis vel

accuſations capitales, & la connoiſſance du grand criminel. Bientôt pour tous les crimes & pour tous les objets, il fut établi que nul ne ſeroit jugé que par ſes Pairs (29). L'arbitraire ne devoit régner, ni dans le jugement, ni ſur la compétence des Juges, lorſque les jugemens ſe rendoient hors du Parlement général, auquel, dès le tems de la premiere & ſeconde race, on trouve des exemples d'appel. Dans la diviſion du Royaume, il y avoit à la tête de chaque territoire un Comte nommé *Grafio*, qui avoit au deſſus de lui un Duc, & ſous lui des Aſſeſſeurs appellés *Judices publici*, & choiſis par le peuple (30). Le Tribunal, au cas

---

» dignitatis deinceps noſtro inconvenienti libitu » aut alterius calliditate vel injuſtâ cupiditate pro » merito noſtro honore debere privari, niſi Juſtitiæ judicio & ratione atque æquitate judicante, » legem verò unicuique competentem nos obſervaturos. *Capit.*

» Contemptores legum ..... ad noſtram præſentiam legaliter perducantur, ut indè fidelium conſilio & noſtrorum commendemus quid de talibus » faciendum ſit. *Capit.*

» Ad noſtram præſentiam illum (Reum) venire » jubemus, & dignam ultionem ſecundùm judicium » noſtrorum fidelium ſuſtineat .... judicium, ſicut cum fidelibus noſtris conſideravimus, ſuſtinebit.... Cap. tom. 1. Baluz. pag. 89, 90.

» Qui diſcordiis & contentionibus ſtudere ſolent, » & in pace vivere nolunt ad noſtrum Placitum » veniant, ut ibi cum fidelibus noſtris conſideremus quid de talibus faciendum ſit. *Ibid. pp.* 622 » *&* 667.

(29) » Major à minore non poteſt judicari. *Cap.* » *T.* 1. *p.* 908. Ante ſuos Pares juſtum Juſtitiæ judicium ſuſtineat (Reus). *T.* 2. *p.* 82.

(30) Tunc Grafio congreget ſeptem Raginbergios idoneos. *L. Sal. tit.* 52. *v. tit.* 60. *& tit.* 32. *de la loi Ripuaire.* Ces Rachinbergs, Scabins ou Aſſeſſeurs, étoient des Juges choiſis par le peuple.

» Si quis ad Mallum (*Mallus* eſt pris ici pour l'Aſ-

que la chose fût importante, ne se bornoit pas à ces Juges élus, il recevoit pour Juges & pour Assesseurs toutes les personnes libres de la ville ou du bourg, qui jugeoient avec le chef du Tribunal : de là le nom de jugement des citoyens, *Judicium civium* (31). Ces loix qui fixoient la compétence, qui déterminoient la légalité du jugement, furent toujours des loix sacrées & inviolables pour les François ; elles tenoient à leur constitution (32). Les premie-

---

» sise, pour le Placité particulier) venire contempserit & quod ei à Raginbergeis judicatum fuerit implere distulerit... *L. Sal. tit.* 59. Totius populi consensu boni Scabinei eligantur.... *Cap. ann.* 829. « Nullus causas audire præsumat nisi qui à » Duce per conventionem populi Judex constitutus » est ut causas judicet. *Lex ullam tit.* 14. Judices non » instituantur nisi, de loco, qui Justitiam perci» piant & aliis reddant. *ann.* 615. Unusquisque Co» mes Placitum suum habeat & justitias faciat. *Cap.* » *ann.* 812. *Art.* 4.

Les mêmes principes d'équité & de jurisdiction présiderent à la Charte qui fut accordée aux Espagnols réfugiés sur les terres de la domination françoise, en 815. « Ipsi verò pro majoribus causis si» cut sunt homicidia, raptus, &c. & undecumquè » aut criminaliter aut civiliter fuerit accusatus, & » ad Placitum venire jussus ad Comitis Mallum ve» nire non recusent — cæteras minores causas more » suo..... inter se mutuò definire non prohibean» tur.

(31) Grégoire de Tours nous donne l'exemple d'un jugement de citoyens. Il remarque à l'occasion d'un meurtre & d'une vengeance privée, que, s'étant joint aux Juges, il fit citer les Parties au Tribunal des citoyens qui s'assemblerent & jugerent le différend.... « Quod nos audientes adjuncto Ju» dice mittimus.... conjunctisque civibus.....& » cum in Judicio civium convenissent & præcep» tum esset, ut... censurâ legali condemnantur.

(32) » Unum Francum ad stipitem tensum cædere » contra Legem præcipit Childericus ; videntes hoc » Franci, irâ magnâ commoti. *V. l'Hist. de Childeric.*

res races nous offrent plusieurs exemples d'accusation & de jugement au grand criminel, portés à l'assemblée générale, au Parlement dans la Cour pléniere (33). Enfin la législation de ces tems prépara pour la troisieme race cette regle importante, qui mit de l'ordre dans la confusion féodale : Nul François ne doit être dépouillé d'aucun de ses droits que par le jugement de ses Pairs : *Nullus in regno Francorum debet ab aliquo jure suo spoliari, nisi per judicium Parium. Matth. Paris*, *ann.* 1226.

Ainsi la législation étoit bien éloignée d'autoriser, de tolérer en matiere criminelle les actes arbitraires, l'établissement des Tribunaux momentanés, & la violation de la compétence : on ne demandoit pas encore si un citoyen pouvoit être jugé par Commissaires.

Dans le passage de la seconde à la troisieme race, & sous les premiers siecles de celle-ci, c'est un spectacle intéressant de voir l'autorité Royale se dégager peu-à-peu des entraves du gouvernement féodal, écarter insensiblement de la constitution tout ce qui ne lui avoit été qu'accidentel & accessoire ; tout ce qui n'étoit que l'effet de combinaisons Gothiques, d'institutions singulieres, & peut-être d'usurpations ; mais de ces ruines, conserver, maintenir tout

(33) Sous Gontran, des Ducs sont accusés d'un crime d'Etat, de brigandage à la tête des armées. Pour les juger, le Roi convoque toutes les personnes distinguées de son Royaume, & forme un Parlement.

Tassillon en 788 est condamné en un Parlement assemblé à Ingelsheim. Le jugement porte qu'il fut condamné par ses Pairs. *V. Mezerai sur cette année.* En 732. Parlement assemblé à Ratisbone, instruit & juge le procès criminel des bâtards de Charlemagne.

ce qui posoit sur la base inébranlable de la loi naturelle, tout ce qui importoit aux vrais intérêts du Souverain, au bonheur de la Nation, & à la sûrete des sujets.

(34) Les assemblées primitives de la Nation se trouvoient à la fin de la race de Charlemagne, répréséntées sous une forme féodale. (35) Le

---

(34) » In primario juventutis flore obiit (an. 987) » Ludovicus in quo deficit generatio Regum ex » familiâ Caroli Magni, & succedit ex aliâ fami- » liâ Hugo Rex. *Voy. Cronic. Verduncns.* .... Franci.. » (Cronic. Saint Berigdivion.) Francorum prima- » tes communi consensu Hugonem qui tunc duca- » tum Franciæ strenuè gubernabat Magni Hugonis » filium Noviomo sublimant Regio solio. *Voy. Dom.* » *Bouquet Tom.* 8. *pag.* 299 *&* *Tom.* 8. *pag.* 307.

Ainsi ce fut dans une de ces assemblées que Hugues Capet fut élévé au Trône. En 988 Hugues Capet assemble un Parlement à Orléans, tant pour rendre son droit incontestable, que pour lier aux loix fondamentales du Royaume, le droit de sa famille à la Couronne. Il impétra, dit Mezerai, d'une assemblée de Seigneurs françois qui se tint à Orléans, que son fils nommé Robert lui seroit associé à la Royauté. Voy. Mezerai sur l'année 988.

(35) Voy. dans les Ordonnances du Louvre le nom que l'on donnoit alors au Parlement.... *La très éminente & suprême Cour Royale*.... *Cour de France*.... *Cour du Roi* .... *Cour des Pairs*.... *Parlement & Conseil, ou grand Conseil du Roi*.... *Vrai Consistoire du Roi*.... En effet, depuis longtems, le Parlement général, uni à la Cour du Roi, étoit composé des Barons de France, c'est-à-dire des Vassaux immédiats de la Couronne, soit Ecclésiastiques, soit Laïques. Outre les Barons & les Prélats, il y avoit aussi des Sénateurs, la plupart Ecclésiastiques, quelques Laïques. On y voyoit des Chevaliers distingués, des Barons & d'autres qui, comme vassaux du second Ordre auroient eté nécessairement exclus des Parlemens, si le titre de Sénateurs ne leur y eût donné entrée. Voy Les Ordonnances de Louis VIII, qui, outre les Barons, parle de Chevaliers de France. Ordonnance du Louvre, Tom. 1. pag. 47 & 51. Et d'autres de Louis IX,

Parlement des Seigneurs, des Pairs, des Vassaux immédiats de la Couronne & de la Cour du Roi, subsistoient toujours comme dépôt des loix, comme lien indissoluble de la Monarchie, comme Tribunal supérieur où étoient portées toutes les causes majeures & importantes, où se retrouvoit le vœu général, où les Rois exerçoient la puissance législative, où l'on rendoit compte de l'exécution des Ordonnances (36).

---

où il est fait mention de personnes prudentes. *Per voluntatem assensum Baronum & militum Regni Franciæ* (c'est-à-dire Chevaliers).... *de Magnorum nostrorum & prudentium consilio.* En un mot, comme l'observe Dutillet, sous les deux premieres lignées des Rois.... le Parlement étoit composé de Prélats, Barons & Maîtres ou Senateurs.... Et depuis Hugues Capet, il demeura composé, comme auparavant, desdits Prélats, Barons & Maîtres.

(36) Les premiers Rois de la troisieme Race tenoient souvent quatre Parlemens généraux par an. Voy. Charte du Roi Robert en faveur de l'Abbaye de Saint Denis (il s'agit du tems où se tiendroient les Parlemens) « *Ex consultu Archiepiscoporum, Episcoporum & Optimatum francorum placuit serenitati nostræ remittere, ut solemnem Curiam, hoc est, in Natale Domini, Theophania, in Pascha & Pentecoste, neque Nos, neque nostri in ipso castello ulteriùs ullo modo præsumamus celebrare* ».

Curia Epiphaniæ, Curia coronata. Parce que Philippe premier & Louis-le Gros, son fils, furent couronnés dans ces Parlemens. Voy. du Cange qui cite des Chartes faites en ces grandes assemblées.

Sous Louis le jeune, il se tint de même plusieurs Parlemens. Il s'en tint un notable à Vezelai, où se trouverent des Archevêques, Evêques avec une grande partie des Barons de France.

Louis le jeune en tint encore un considérable pour faire couronner Philippe Auguste, son fils. *Generale Concilium omnium Episcoporum, Archiepiscoporum nec non Baronum totius Regni convocatis. .. deinde vocatis sigillatim omnibus, communicavit eis consilium quod filium suum cum consilio eorum & voluntate in Regem francorum sublimare volebat. Omnes unanimiter dicentes fiat, fiat, & sic solutum est Concilium.*

La France alors étoit divisée en deux parties,

Sous le même Regne, Henri II, Roi d'Angleterre, aiant une vive contestation avec l'Archevêque de Cantorbery, offrit, *Separatum Judicium in Palatio Parisiensi subire.... Proceribus Galliæ residentibus.*

On voit trois Parlemens célebres sous Philippe Auguste en 1188, 1203, & 1216.

Sous Louis VIII, en 1223, au sujet des Juifs, en 1224, sur une cause Majeure, & les dispositions du Prince pour le Gouverneur du Royaume pendant la minorité de son fils, faites au Parlement de la Toussaint, tenu à Montpellier en 1226.

Sous Saint Louis, Joinville fait Mention des Parlemens que ce Roi tenoit pour faire ses nouveaux établissemens ou ses loix.

Les Registres d'une partie des Parlemens tenus sous Saint Louis, sont les plus anciens qu'il y ait au Greffe du Parlement. Ils sont connus sous le nom de Registres *Olim*. On y retrouve la distinction qui subsistoit encore alors des Parlemens de Pâques, Pentecôte, l'Assomption, la Toussaint, Noël & la Chandeleur. Dans la suite on les a réduits à deux, tels à peu près que nous le voyons encore aujourd'hui, les Parlemens de Pâques & de Saint Martin. On a tous les Registres postérieurs aux *Olim*, à quelques lacunes pres; il existe des Registres antérieurs, celui des Parlemens sous Philippe Auguste. Il est à la Bibliotheque du Roi.

Ces Parlemens continuerent sous Philippe-le-Hardi & Philippe-le-Bel, & depuis ce tems les Registres sont continus.

Louis IX répond en 1244 à Innocent IV qui lui demande retraite dans son Royaume contre la prétention de l'Empereur.... *Dominus Rex ipsis favorem præstitit affirmando.... quod ipsum Dominum Papam, si consilium Optimatum suorum, quod non potest aliquis Regum subterfugere, permitteret, exultantem liberaliter receptaret.*

Philippe Auguste en 1216 dit : *Nullus Rex vel Princeps potest dare regnum suum sine assensu Baronum suorum qui regnum illud tenentur defendere.*

Tum quoque Magnates ore uno clamaverunt quod starent usque ad mortem ne videlicet Rex aut Princeps per suam voluntatem

voluntatem posset regnum dare, vel tributarium facere, undè nobiles efficerentur servi.

On voit que dans ces tems tout prenoit la teinture de la féodalité; mais elle n'étoit que la forme du droit public & du droit naturel.

Dans une autre contestation au sujet des usurpations du Clergé sur l'autorité séculiere, ce Monarque fait un acte avec les Barons.... *& ipse Rex similiter garantavit quod pro Dd. Papa & sibi in hoc adherentibus nil faciet nisi per consensum nostrum.*

On ne connoissoit dans ces premiers siecles de la troisieme Race, pour vraies Ordonnances de nos Rois, que celles qu'on appelloit Pragmatiques Sanctions. *Pragmatica Sanctio erat illa constitutio quam constituebat Imperator habito priùs tractatu cum Principibus.* C'est la définition qu'en donne un ancien Glossaire.

Pendant les trois premiers siecles, on assujettissoit à cette loi tout ce qui pouvoit être de quelque importance. Il falloit, *dit Mezerai, Tom 2*, que l'Assemblée générale qu'on nomma Parlement, l'eût ainsi ordonné: *Philippus Dei gratiâ Francorum Rex, Dux Burgundiæ*, &c. *plures alii Magnates de Regno Franciæ unanimiter convenerunt, &* ASSENSU PUBLICO *firmaverunt ut in posterum ità sit.*

De Magnorum nostrorum & prudentum consilio statuimus. Ordonnance de Saint Louis.

Une Ordonnance contre les Blasphémateurs, sous Saint Louis, est encore faite dans un Parlement: *Cùm nos in hoc Parlamento Assumptionis.... de assensu Baronum nostrorum ordinationem fecerimus....* Ce Prince veut que les Juges inférieurs lui rendent compte de l'exécution de cette Ordonnance au Parlement de la Toussaint.... *Rationem in Parlamento omnium Sanctorum nobis reddituri.*

Un ancien registre, qui est encore à l'Hôtel de Ville d'Amiens, porte pour titre: *Etablissemens de France* (ce sont ceux de Saint Louis) confirmés en plein Parlement par les Barons du Royaume. *Du Cange, Pref.*

En 1260, sous Saint Louis, Arrêt du Parlement qui suprime une mauvaise coutume établie à Compiégne: *Ordinatum fuit & unanimiter concordatum* PER TOTUM CONCILIUM *quod....* Le Parlement portoit alors indifféremment le nom de Parlement, de Con-

parées par la Loire (37). La premiere comprenoit la partie Septentrionale du Royaume, & l'autre la Méridionale. Ces deux parties, unies par la même législation, avoient cependant quelques différences par rapport à leur gouvernement particulier. Cette différence étoit marquée dans le Parlement même, qui étoit unique alors pour toute la France. Il y avoit une chambre particuliere appellée la Chambre de la Langue-d'Oc, pour la partie

---

seil, de Cour du Roi, Cour de France, *Curiæ Franciæ*.

Sous Philippe-le-Hardi, une Ordonnance contre les sermens, & les jeux de hazard, porte.... *De ordinatione factâ per Regem Philippum Parisiis in Parlamento Ascensionis*, *anno* 1272, il y est ordonné aux Baillifs de rendre compte de l'exécution qu'ils en auroient faite au Parlement de la Toussaint.

Même année.... *Præcepit & voluit in pleno Parlamento*.... Ordonnance contre les Usuriers : *Factum fuit hoc & statutum Parisiis in Parlamento Assumptionis*.

En 1275, *Ordinatio facta Parisiis in Parlamento omnium Sanctorum*.

D'autres portent : *Ordinatum fuit per Concilium D. Regis*, *Rege præsente*. Au reste Voy. Dom Bouquet, les Ordonnances du Louvre, & un Recueil excellent de toutes ces autorités dans un livre déja cité, & qui ne peut l'être trop souvent : *Lettres historiques sur les Parlemens*, *& sur les Maximes fondamentales du Royaume*.... Ajoutez ce passage tiré d'une Ordonnance de Charles V, en 1359, Regent du Royaume dans un tems de trouble, & pendant la prison du Roi Jean.... « Le Parlement de tout tems » a été & est, quand il se tient, la justice capitale & » souveraine de tout le Royaume, représentant sans » moyen la personne de Mondit Seigneur, & la nô- » tre. Voy. le Pres. Henault dans son Abr. Chronol. » année 1359. »

(37) Voy. Velly, & le Pres. Henault dans son Abr. Chronol. ann. 1350. Dès long-tems avant cette année, l'usage dont il fait mention étoit connu. Il remonte au delà de Philippe-le-Bel, & on le retrouve dans l'Ordonnance de 1302.

Méridionale de la France (38). Cette différence étoit encore marquée par les privileges de la Langue-d'Oc, & par l'assemblée de ses Etats particuliers (39). C'étoit-là que dans des occasions urgentes, la Nation de la Langue-d'Oc, qui composoit alors le Dauphiné, la Provence, la Guienne, & tous les pays méridionaux du Royaume, signaloit son zele en accordant des subsides considérables.

Les guerres empêchoient trop souvent que le Parlement ne s'assemblât tous les ans. De là, pour fixer par une forme stable, & le tems & le lieu de la Séance de ce Tribunal Souverain, Philippe-le-Bel fit, en Parlement même, l'Ordonnance célebre de 1302, (40) qui, réunissant différens objets, différentes dispo-

---

(38) Le Parlement étoit alors *unico-universus*. En 1291, une Ordonnance faite au Parlement de la Toussaint, établissoit des Réglemens pour les tenues du Parlement, & l'Ordre judiciaire qui y seroit observé *pro celeri & utili Parlamentorum nostrorum Paris.... expeditione sic diximus ordinandum*.... par cette Ordonnance, pour expédier les causes & les requêtes du pays de droit écrit, c'est-à-dire de la partie méridionale de la France, autrement dite la Langue-d'Oc, fut composé dans le Parlement une Chambre particuliere. Elle prit dans l'usage le nom de Chambre de la Langue-d'Oc, Chambre du droit écrit.... Les *Olim* rapportent un Arrêt qui établissoit la même regle que cette Ordonnance. L'article 59 de l'Ordonnance de 1302, rappelle cet établissement qui détermine, par rapport à Toulouse, le célebre article 62.

(39) Voy. Henault, année 1359, & 1415. Au reste la preuve sera faite par l'Ordonnance de 1302, en ce qui concerne la Langue-d'Oc.

(40) Le Parlement de la Chandeleur, où fut faite cette Ordonnance le 23 Mars, continua sa tenue depuis même que l'Ordonnance fut faite; il tenoit encore le 28 Mars avant Pâques, où l'année 1302 finissoit: lorsque fut faite l'Ordonnance pour la guerre de Flandres, il tenoit le 24 Juillet: car

ſitions, n'en avoit aucune de nouvelle à l'égard du Parlement, ſi ce n'étoit la fixation à perpétuité du lieu & du tems des Séances. L'Ordonnance commence par annoncer l'utilité publique, vœu de toute loi. *Prætereà propter commodum ſubjectorum & expeditionem cauſarum proponimus ordinare quod duo Parlamenta Pariſiis.... in anno tenebuntur.*

C'eſt dans le Parlement même qui ſe tenoit actuellement, qu'elle fut faite. Elle en confirmoit la forme & la nature à tout autre égard. L'établiſſement du Parlement remontoit aux aſſemblées primitives de la nation, & la repréſentoit alors. Tant de ſiecles répondoient du vœu & de la confiance des peuples! Que reſtoit-il donc à y ajouter? Que pour l'avantage & l'intérêt du Royaume, ce Corps dépoſitaire de la Loi, ce Tribunal Souverain eût le lieu de ſa ſéance déterminé à Paris, (41) & que le nombre de ſes tenues continuât d'être pour toujours fixé à deux par an. Telle eſt, dans la premiere partie, la diſpoſition de l'Ordonnance de 1302.

Une autre diſpoſition non moins importante & ſous le même contexte, concernoit la Lan-

---

nous en avons un Arrêt important : *Datum Pariſiis in Parlamento noſtro, die* 24 *Julii, anno* 1303.

La continuité des deux tenues étoit liée par cette loi pratiquée dans l'uſage, long-tems avant d'être rédigée. Voy. les Ordonnances du Louvre en 1318 : *Quand une tenue du Parlement finiſſoit, publicit l'en le nouvel Parlement.* Cette regle eſt la chaîne non interrompue du Parlement, juſqu'à ce que dans des tems poſtérieurs il ait pris des formes plus ſtables, plus directes de perpétuité, d'inamovibilité des Magiſtrats qui le compoſent.

(41) Il y avoit alors déjà plus de 40 ans que le Parlement ne s'étoit tenu qu'à Paris. *V. Lettres Hiſtor. ſur les Parl.*

gue-d'Oc. *Propter commodum subjectorum proponimus ordinare ..... quod Parlamentum apud Tolosam tenebitur, si gentes prædictæ terræ consentiant quod non appelletur à Præsidentibus in Parlamento prædicto.* Il s'agissoit de rapprocher de la partie méridionale de la France son Tribunal Souverain. Jusqu'alors Toulouse n'avoit eu qu'un Parlement Comtal, & sujet à l'appel, mais avoit, au Parlement général de France, la Chambre de la Langue-d'Oc. C'est cette portion intégrante du dépôt de loix, c'est ce Tribunal Souverain qu'on veut établir à la portée même des peuples ; on ne méconnut pas la nécessité de leur consentement & de leur confiance pour le Tribunal qui, revêtu des formes de l'Etat, auroit, avec les avantages de la proximité, la nature du Parlement primitif. Cette création ne fut donc que proposée, projettée, *proponimus ordinare*, jusqu'à ce que la Nation de la Langue-d'Oc eût consenti au jugement en dernier ressort du Tribunal qu'on lui préparoit : *Si gentes prædictæ terræ consentiant quod non appelletur à Præsidentibus.* Ce n'est que quatre ans après, en 1306, ce n'est que sur le vœu exprimé des Etats de la Langue-d'Oc, que Philippe-le-Bel consomme légalement par un Edit fait en Parlement, l'établissement du Parlement à Toulouse avec les caracteres annoncés par l'Ordonnance de 1302. *Ad requisitionem instantissimam gentium trium Statuum Patriæ Occitanæ stabilimus, ordinamus curiam nostram Parlamenti.* Dans l'intermédiaire de ces deux Ordonnances, (42) Toulouse avoit continué d'avoir au

(42) Il est vrai que neuf mois après l'Ordonnance de 1302, le Roi fit publier le nom de ceux qui devoient tenir le Parlement à Toulouse ; mais cela fut suspendu par la condition proposée : *Si gentes terra prædicta consentiant*, & ce ne fut qu'en 1306, quatre ans

Parlement la Chambre de la Langue-d'Oc, & il n'y eut point de tenue de Parlement à Toulouse. Par la même Ordonnance de 1302, on fixoit le nombre des Echiquiers ou des tenues du Parlement à Rouen : *Proponimus ordinare quod duo Scacaria Rhotomagi bis in anno tenebuntur.* On en use avec la Normandie, comme avec Toulouse : ce n'est qu'en 1315 (43) que la Jurisdiction Souveraine & sans appel est donnée, sur la requisition de la Normandie, à la portion du Parlement qui tenoit l'Echiquier. Jusques-là cette députation du Parlement n'avoit été qu'un Tribunal comme les Grands-Jours de Troyes, & les appels se portoient au Parlement de France ; preuve manifeste & répétée que la jurisdiction du Parlement de France faisoit une partie essentielle du droit public de la Nation. Les François ont toujours placé, & ont vu reconnoître par l'autorité Royale, au premier rang de leurs libertés & de leurs droits, celui d'être jugés au Parlement en dernier ressort. (44)

Les Parlemens de Toulouse & de Rouen

---

après que la condition eut été remplie, que ledit établissement à demeure fut fait. Un moment avant cette Ordonnance même, on retrouve à Paris la Chambre de la Langue-d'Oc. *Voy. Fontanon. Voy. Roche-Flavin.*

(43) *Voy. Lettr. histor. sur les Parlem.*

(44) Philippe le Bel l'avoit reconnu ce droit quelques années auparavant au sujet de plusieurs villes du Laonois qu'il avoit privées du droit d'appel au Parlement, croyant que tous les habitans y consentoient : *Amotioni dictarum appellationum consensit credens quod de consensu omnium fieri posset & justè.* Ordonnances du Louvre, tome 2, p. 328. Mais dès que ce Prince sçut le contraire, il révoqua son Ordonnance : *Modo* PLENIÙS ET MELIÙS SUPER HOC INFORMATUS.... *voluit quod eisdem appellationibus utatur eo modo quo fuit consuetum.* L'Ordonnance de révocation fut faite au Parlement de la Toussaint.

reçurent donc le principe de leur établissement, sans doute de l'autorité Royale, mais aussi du consentement consulté des peuples. Ce principe, le Parlement de France le tenoit des premiers âges de la Monarchie, où il représentoit les assemblées de la Nation. D'un autre côté, le Parlement de Rouen & de Toulouse reçurent les formes non moins essentielles de l'Etat. C'est dans le Parlement qui se tenoit à Paris, que ces Tribunaux souverains furent proposés, érigés & créés : ils furent liés par l'enregistrement au Corps primitif dépositaire des loix, pour en recevoir, dans un ressort local, la nature & les fonctions; &, si l'on peut s'exprimer ainsi, ils furent amalgamés avec le dépôt primitif des loix, & devinrent, dans l'étendue de leur ressort, des Tribunaux homogenes au Parlement primitif. C'est donc toujours par les formes de l'Etat, & du consentement des peuples, que l'autorité souveraine a déterminé le caractere & la perpétuité des Corps dépositaires de la loi. Ainsi fut créé le Parlement de Bourgogne (45), enregistré au Parlement de Paris; ainsi fut érigé *en 1553 le Parlement de Bretagne, enregistré au Parlement de Paris, & accordé aux vœux de la Province* (46); ainsi enfin l'ordre de législation gé-

(45) Voyez Fontanon.

(46) Il n'est peut-être aucune Province sur qui la législation générale & les usages primitifs de la France, aient eu une influence, une réflexion plus marquée, que sur la Bretagne, lorsque son gouvernement étoit séparé de celui du Royaume. Sous les Ducs, les assemblées de la nation Bretone répondent évidemment au fond de la législation primitive de la France : à la fin de ces assemblées, qui portoient le nom de Parlement général, il restoit toujours un certain nombre de personnes, sous le nom de Parlement, pour avoir soin dans l'intermédiaire des Etats,

nérale établi dans le corps de la Monarchie Françoise, & observé dans les Provinces réu-

---

& de l'administration souveraine de la justice, & des affaires majeures du Duché. Les Bretons ne pouvoient dire avoir un Tribunal étranger, puisque le Corps dépositaire de la loi, puisqu'un Tribunal naturel pour eux, étoit formé dans l'assemblée de la Nation d'un Parlement général à l'autre. En 1485 François II, Duc de Bretagne, dans l'assemblée des Etats du Duché à Nantes, rendit ce Parlement sédentaire par une Ordonnance qui nous paroît calquée sur le modele de celle de Philippe le-Bel en 1302 : » Avons en nos Etats ordonné, fondé & établi, » &c. notredite Cour de Parlement, d'ici en avant » séoir & tenir ordinairement, pour le moins en » chacun an, une session & ouverture, commen» çant le 15 Juillet, & finissant le 15 Septembre, » à continuer en icelle forme pour chacun an ès » tems futurs, sans que jamais après la promulga» tion & publication des présentes, soit requis ou » nécessaire en faire autre assignation, &c. » Ce Parlement fut composé de douze Conseillers, cinq Ecclésiastiques, & sept Laïques, outre les Sénéchaux de Rennes & de Nantes.

C'est le même établissement qui depuis porta le nom de GRANDS JOURS. Voyez cette Ordonnance publiée en Parlement général le 22 Septembre 1485. Colon. 1415, tom. 2, de Lobineau. Colon. 478, tom. 3, des Preuves de l'Hist. de Bret. par Dom Morice.

Tel étoit l'état des choses lorsque, par le mariage de la Duchesse Anne avec Charles VIII, la Bretagne fut unie à la Couronne de France, & gouvernée par la législation générale du Royaume, avec la réserve des privileges, franchises, libertés, coutumes & immunités, dont nos Rois lui assurerent la continuation.

Dans ce nouvel état, source de félicité pour une Province fidele, que devinrent *les Grands Jours*, & de quel ressort dépendit la Bretagne par rapport à l'administration de la Justice Souveraine ? C'est ce que nous apprennent les ARTICLES, PRIVILEGES, FRANCHISES & LIBERTÉS contenues dans les Lettres-Patentes accordées par Charles VIII le 7 Juillet 1492, sur les remontrances des Etats de Breta-

nies à la Couronne, a été successivement propagé, distribué sur les Provinces conquises:

---

gne, Lettres Patentes confirmées aux Etats tenus à Nantes en Novembre 1492. *V. Lobineau, tom. 1, p. 818, art. premier.* « Nous avons, sur lesdites remontran» ces & articles (de nos bons & loyaux sujets de » notre Pays & Duché de Bretagne) entr'autres cho» ses, voulu, déclaré & ordonne, &c. que les *Grands* » *Jours*, qu'on appelle Parlement audit pays de Bre» tagne, soient dorénavant tenus par les Présidens » & Conseillers qui par Nous y seront ordonnés, » desquels les Parties en pourront appeller, & leurs » apeaux relever en notre Cour de Parlement à » Paris... Pour mieux assurer l'indication de ces *Grands Jours* chaque année, sans que le Roi fût obligé de faire de nouvelles lettres de convocation, en 1495, Charles VIII donna un Edit à Lyon au mois de Novembre, « par la considération qu'il étoit » utile de faire tenir lesdits Grands Jours une fois » à chacun an, à un terme nommé & préfixé, » sans nouvelles Lettres » Il fut établi que lesdits Grands-Jours se tiendroient dorénavant une fois chacun an, à sçavoir, depuis le premier Septembre jusqu'au 8 Octobre suivant, par les Présidens & Conseillers nommés dans l'Edit, sans qu'il fût besoin attendre ni obtenir autres Lettres de provisions. La plupart des personnes nommées pour tenir ces Grands-Jours étoient des Présidens & Conseillers au Parlement de Paris. Cet Edit fut *enregistré, lu, publié en la congrégation & assemblée* des Etats de ce Pays & Duché de Bretagne; *a été le Mandement dudit Seigneur Roi par contenu, lu, publié, & à icelui en son contenu & effet commandé obéir*, le dernier jour de Mai 1496. *Voyez Lob. p. 821 de son premier tome de l Hist de Bret. Voy. Colon. 781, tom. 3 des preuves de Dom Morice.* Voyez une nouvelle preuve de l'étendue du ressort du Parlement de Paris sur la Bretagne, par voie d'appel, dans l'Edit d'Henri II, du mois de Mars 1551, adressé & enregistré au Parlement de Paris, & portant établissement des Sieges Présidiaux en Bretagne. Ce progrès de législation amena le dernier état, où Henri II, persuadé de l'utilité d'établir un Parlement en Bretagne, pour rapprocher des besoins de cette Province l'exercice du dernier ressort & le Jugement

elles ont été liées à la législation générale ; elles ont reçu leurs Tribunaux souverains, érigés sur le modele du Parlement primitif, avec la nature & les fonctions locales du premier Tribunal du Royaume (47).

---

souverain, déterminé par les mêmes principes qui engagerent Philippe-le-Bel, en 1302, à établir le Parlement à Toulouse, le Parlement en Normandie ; & observant avec la même exactitude les formes d'Etat qui devoient lier ce Parlement futur de Bretagne avec le dépôt primitif de la législation, adressa & fit enregistrer au Parlement de Paris l'*Edit de 1553, portant création d'un Parlement en Bretagne à l'instar du Parlement de Paris.* « *Lecta publicata audito* » *Procuratore Generali Regis Parisiis, quarta die Maii ann.* » 1554 ». Il ne faut pas omettre que cette création avoit été sollicitée par les Etats, *dont nous aurions*, dit Henri II, *reçu plusieurs plaintes, clameurs, doléances, pour lesquelles nous aurions été persuadé y établir un Parlement* : ensorte que l'érection du Parlement en Bretagne réunissant les formes légales de l'enregistrement au Parlement de Paris, qui avoit précédemment le ressort de Justice souveraine en Bretagne, & le vœu général de la Province, remplit ainsi la constitution essentielle d'un Corps dépositaire des loix, d'un Tribunal Souverain de Justice, répondit aux maximes fondamentales du droit public françois, & entra avec unité, avec une correspondance exacte, dans le systême général de la législation.

(47) Voyez dans Rocheflavin, dans Fontanon, & dans les registres du Parlement de Toulouse, l'établissement du Parlement de Bordeaux, pour la Guyenne; d'Aix, pour la Provence; de Grenoble, pour le Dauphiné.

Il faut entendre Dumoulin, exposant ces grands principes. Il dit en parlant de la publication & de l'enregistrement des loix & de l'ordre immuable des Tribunaux : « Ce n'est point-là un vain point de for- » me, c'est l'essence même du droit public. » *Hoc non statuitur ratione pragmaticorum, sed totius populi cujus præcipuè favore etiam per* VIAM CONTRACTUS ICTO FŒDERE ERECTA SUNT ET CERTIS SEDIBUS FIXA PARLAMENTA, *ut subditi sub certâ ordinariâ Jurisdictione vivant sub* CONFIDENTIA SINCERIORIS JUSTITIÆ,

Tel eſt le point de vue lumineux d'où ſe montre le plan de la Monarchie Françoiſe, conciliant l'autorité ſouveraine avec la liberté légitime; des loix fixes & ſtables avec la puiſſance du Monarque; des pouvoirs intermédiaires dépendans & ſubordonnés, avec le pouvoir abſolu; la puiſſance légiſlative avec les formes de l'Etat; le droit, la puiſſance ſouveraine de juger avec l'exercice de cette puiſſance par des Tribunaux fixes & impartiaux; & au dernier terme, & au dernier reſſort de ces Tribunaux ſubordonnés, une Cour ſouveraine, réuniſſant avec la confiance nationale l'autorité publique commu-

---

tueanturque ab injuriis & periculis ignotorum Judicum & extraordinariorum quos vocant commiſſionum, ſeu delegationum quæ periculoſiſſimæ ſunt. Molin, Tom.

Je crois qu'il eſt difficile de traiter ſa matiere plus rapidement & plus nettement que ne le fait en cet endroit le plus grand des Juriſconſultes François.

On ne peut ſe diſpenſer de rappeller encore ici un paſſage de Lettres-Patentes données en 1454 par Charles VII, qui, en 1443, avoit confirmé l'établiſſement & la ſéance du Parlement à Toulouſe.... » Comme nous avons ordonné notre Parlement » être tenu pour notre Cour Souveraine, tant à » Paris comme à Toulouſe, par nos amés & féaux » les Préſidens & Conſeillers.... leſquels y ont de » nous telle puiſſance & autorité les uns comme » les autres, & par ce doivent iceux Préſidens être » réputés unis, & recueillis, & honorés les uns les » autres COMME FAISANT UN MESME PARLE» MENT.... Savoir faiſons que, &c.

Ainſi du Tillet parle d'après l'autorité Royale, lorſqu'il dit, part. premiere, pag. 425: « Le Roi » n'a qu'une Juſtice ſouveraine par lui commiſe à » ſes Parlemens, leſquels ne ſont qu'un en divers » reſſorts.

Le Chancelier de l'Hôpital l'avoit dit après Charles VII, & avant du Tillet. De là la forme ordinaire des adreſſes d'Edits ou Déclarations aux Gens tenans la Cour de Parlement à Paris, à Toulouſe, à Rouen, à Dijon, &c.

niquée par le Prince. Voilà ce qui a fixé dans tous les tems, sur le Gouvernement François, l'admiration des politiques & des étrangers; voilà ce qui a été regardé en fait de gouvernement, comme un chef-d'œuvre de l'esprit humain par un génie célebre, qui a tant de fois consacré à la défense de l'humanité & à la bienfaisance générale, le droit assuré qu'il a d'écrire pour tous les tems, comme dans tous les genres (48).

Dans l'instabilité de l'Empire Romain donné, ôté par les soldats, Théodose & Valentinien sentirent la nécessité de chercher dans l'attachement de la Nation, un appui pour le Trône chancelant. Ils firent l'effort de dire qu'un Empereur étoit soumis à la Loi, & que l'autorité du Prince dépendoit de l'autorité du

---

(48) Cet Auteur dit, en parcourant l'Histoire de toutes les Nations, & en s'arrêtant aux institutions admirables de l'Empire de la Chine, dont le Gouvernement paternel se rapporte en ce point à la Constitution françoise : « L'esprit humain ne peut certainement imaginer un gouvernement meilleur que celui où tout doit se décider par de grands Tribunaux subordonnés les uns aux autres, dont les membres ne sont reçus qu'après plusieurs examens.... Il est impossible que dans une telle administration l'Empereur (de la Chine) exerce un pouvoir arbitraire. Les loix générales émanent de lui ; mais par la constitution du gouvernement, il ne peut rien faire sans avoir consulté des hommes élevés dans les loix, & élus par les suffrages.... Plus il y a de grands Corps dépositaires des loix, moins l'administration est arbitraire.... Là les loix sont toujours uniformes.... & dans les tems paisibles, les représentations des Tribunaux ont toujours eu force de loi. »

Il est encore de ces ames généreuses qui défendent la cause de l'humanité, qui ne la vendront jamais. Sans rang, sans dignité locale, de tels Auteurs sont les Magistrats de l'humanité même.

droit (49) ; ce ne fut pas tout : on pouvoit encore confondre par un ſophiſme naturel aux eſclaves & aux flatteurs, l'autorité de la Loi, avec la force & la volonté momentanée du Prince ; Valentinien & Théodoſe ſe hâterent d'établir qu'aucune conſtitution du Prince n'auroit force, caractere, & forme de Loi, qu'après la délibération libre du Sénat (50).

Voilà les beaux jours de Rome ſous les Empereurs ; ce qu'ils n'avoient pas trouvé dans la néceſſité de la conſtitution primitive de leur état, ils crurent le devoir à leur ſûreté .... Mais, ce qui ne fut pour un gouvernement militaire & deſpotique qu'une réflexion momentanée d'un petit nombre de Princes ſur leurs vrais intérêts, a été de tout tems en France réduit en un ſyſtême lié de légiſlation, & porté ſur le fondement de la conſtitution même.

Sous Louis VI, un grand Miniſtre, Suger, rappelloit à ſon Prince la liaiſon eſſentielle de la puiſſance ſouveraine avec l'autorité de la

---

(49) *Digna vox eſt Majeſtate Regnantis legibus alligatum ſe profiteri ; nam de autoritate Juris noſtra pendet autoritas. Cod. leg. de legib. & conſtit. pp.*

(50) *Humanum eſſe probamus ſi quid de cætero in publica, privataque cauſa emerſerit neceſſarium quod formam generalem & antiquis legibus non inſertam expoſcerit, id ab omnibus antea tàm proceribus noſtri palatii, quàm glorioſiſſimo cœtu veſtro, Patres conſcripti, tractari & ſi univerſis tàm Judicibus, quàm vobis placuerit, tùm legata dictari, & ſic ea denuò collectis omnibus conſeri, & cùm omnes conſenſerint tùm demùm in ſacro palatii numinis conſiſtorio recitari, ut univerſorum conſenſus noſtrâ autoritate confirmetur. Sciatis igitur, Patres conſcripti, non aliter in poſterùm legem à noſtrâ clementiâ promulgandam niſi suprà ſcripta forma fuerit obſervata ; Benè enim cognoſcimus quod cum veſtro conſilio fuerit ordinatum, id ad beatitudinem noſtri Imperii & ad noſtram gloriam redundare L. 6. cod. de leg. V. Mornac ſur cette Loi.*

loi (51). Nos Rois, disoit le défenseur même de l'autorité Royale (52), n'ont jamais cru blesser l'autorité souveraine, en la compassant à la loi, & la soumettant, pour ainsi dire, à l'observation des anciennes Ordonnances; ils n'ont jamais tenu pour gens véritables, disoit encore un oracle du Ministere public (53), parlant à son Roi, ceux qui leur disoient que leur puissance sacrée étoit au dessus des loix, & que leur seule volonté devoit être tenue pour regle. Louis XIV la faisoit graver, cette maxime, à la tête d'un ouvrage célebre composé pour la défense des droits de la Reine (54): « Les Rois ont la bienheureuse impuis» sance de ne pouvoir rien faire contre les » loix.... Qu'on ne dise donc point que le » Souverain n'est pas sujet aux loix de son

---

(51) *Dedecet Regem transgredi Legem cùm & Rex & Lex eamdem imperandi excipiant protestatem.* C'est l'axiome, *Qui veut le Roi, si veut la Loi.* Il est tel esclave qui ne manqueroit pas de saisir une amphibologie dans la généralité de cet axiome: *Omnis definitio Juris periculosa est*; mais si un tel interprete, pour apprécier le juste sens de cette maxime, ne se contentoit pas de consulter le droit naturel pour les loix positives émanées de la constitution de l'Etat, on pourroit le renvoyer au Commentateur des institutes coutumieres de Loisel; voici ses termes: *Nos Institutes nous donnent à entendre que la loi est la volonté du Roi, & non pas que la volonté du Roi soit une loi.* Voyez Delaunay, Professeur de droit François dans son Commentaire sur les Institut. Paris, chez Varin. Liv. 1. tit. 2.

(52) M. l'Avocat-Général Talon, en 1658.

(53) M. Servin.

(54) En 1667.

Voyez le ch. 3 du Rosier des guerres, Ecrit que Louis XI laissa comme Testament à son fils Charles VIII.

Charles VIII faisoit dire aux Etats de Tours, par son Chancelier Rochefort: *Le Roi de France regne sur des Francs, & non sur des Serfs.*

» Etat, puisque la proposition contraire est » une vérité du droit des gens, que la flatterie » a quelquefois attaquée, mais que les bons » Princes ont toujours défendue comme une » divinité tutelaire de leurs Etats. »

Le Souverain, élevé sur le Trône à une distance si immense du peuple, qu'il n'en peut connoître les besoins & la situation que (55) par des puissances intermédiaires & subordonnées, a confié aux Cours de Parlement cette portion de son autorité, qui consiste à exercer la justice par laquelle le peuple est défendu de toute violence, de toute oppression (56). La garde & la conservation des loix appartiennent naturellement aux Cours de Parlement, expression d'Henri IV & de la loi (57). Les Magistrats sont les dépositaires des droits sacrés de la Couronne, & le Roi leur a confié cette portion de son autorité pour en user avec la

---

(55) *Que par les yeux & les oreilles d'autres*, disoit le fameux Chancelier de l'Hôpital.

Henri IV, Mem. de Sulli, tom. premier. « La » premiere loi du Souverain est de les observer tou- » tes, & il a lui-même deux Souverains, DIEU » ET LA LOI.

Le Chancelier Olivier disoit à Henri II, en 1549 : » L'Etat n'est heureux qu'autant que le Prince est » obéit d'un chacun, & que lui obéit à la loi. La » vraie & solide gloire du Roi est de soumettre sa » Hauteur & Sa Majesté à Justice, à rectitude, & » à observation des Ordonnances.

La Justice affermit le Trône du Roi, dit un Chancelier en 1723.

(56) Ce sont les termes d'une Ordonnance de Charles VI en 1408, sur les fonctions du Parlement : » *Pro ipsâ Justitiâ exercendâ & Reipublicæ negotiis dirigen-* » *dis* ». Dans un autre endroit : « *Dilectis ac fidelibus* » *Consiliariis nostris . . . præsens tenentibus & qui in futurum* » *nostra tenebunt Parlamenta. . . . consiliariis nostris, id est* » *Reipublicæ.*

(57) Lettres Patentes du 4 Juillet 1591.

fermeté que leur conſcience exige (58) : ils ſont les Miniſtres eſſentiels de l'autorité Royale, & en eux conſiſte, ſous cette autorité, la direction des faits par leſquels la choſe publique eſt entretenue & policée (59). Le Parlement eſt appellé par nos Rois l'image de leur propre Majeſté (60), le lien de l'obéiſſance de tous les ordres de l'État (61), qui a rendu de grands & ſignalés ſervices aux Rois en faiſant reſpecter la puiſſance légitime, regner leurs loix, reconnoître leur autorité. Les Rois ont pris plaiſir à répéter qu'ils entendoient « que » les Cours de Parlement, les Compagnies » ſouveraines du Royaume, fuſſent maintenues » & conſervées en la libre & entiere fonction » de leurs charges, & en l'autorité de la Ju» riſdiction qui leur avoit été donnée (62). Dans

(58) C'eſt ce que le Roi diſoit dans le Lit de Juſtice de 1723, par l'organe de M. le Garde des Sceaux d'Armenonville.

(59) Louis XI. Ordonnance de 1467, & Lettres Patentes de 1482.

(60) *In hoc perſonam noſtram repreſentant Gentes Parlamenti. Ordon. du Louv. tom. 2. p. 541. ann. 1352. Repreſentant in populo celſitudinis noſtræ majeſtatem. Ibid. tom. 3. p. 482 du Cange. Verbo. Parlement. In ipſis honor noſtræ celſitudinis refulget. Ordon. du Louv. tom. 7, pp. 327 & 328, ann. 1408.*

(61) » Les Cours ſouveraines ſont établies pour » être le lien de l'obéiſſance de tous les Ordres, » pour autoriſer la Juſtice des volontés des Rois, & » les faire recevoir par les peuples avec le reſpect » & la vénération qui leur eſt due ». Edit de Juillet 1644, & Déclaration de Juillet 1648.

(62) Art. 10 de l'Edit de Loudun, donné en Mai 1616.

La Reine, l'auguſte épouſe d'Henri IV, perſécutée par le Cardinal de Richelieu, écrivoit de Bruxelles en 1632 au Parlement de Paris : « Que diroit » le Roi mon Seigneur & votre bon maître... de voir

Dans l'ordre de la législation, une des fonctions importantes des Cours dépositaires de la loi, est de lier à ce dépôt par la vérification, par l'enregistrement, par la notification, toutes les loix qui émanent du Prince. C'est une forme sacrée de l'Etat qui répond de l'utilité publique, de la volonté, & de l'obéissance générale (63). Charles IX le faisoit dire par son Am-

» voir gourmander son Parlement auquel lui-même » rendoit tant d'honneur, & prenoit plaisir à dire » que l'Etat etoit tenu de sa conservation.

(63) *Moribus nostris & Regum Christianorum antiquis constitutionibus in hunc usque diem observatis nihil in Galliâ publicè quod ad sacras vel ad privatas res pertineat pro lege statuitur, quod non sit Parlamenti arresto publicandum.* Voyez *Preuv. des Libert. Gallic. ch.* 20. No 35. Voyez *Mornac sur la loi Humanum esse probamus, au Code de Legibus.*

» Grande chose, veritablement, *dit Pasquier liv.* 2, » *ch.* 6 *de ses recherches*, & digne de la Majesté du » Prince, que nos Rois, auxquels Dieu a donné tou» te puissance absolue, aient d'ancienne institution » voulu réduire leurs volontés sous la civilité de la » loi; & en ce faisant, que leurs Edits & Decrets » passassent à l'alembic de cet ordre public, & en» core une chose pleine de merveilles, que dès-lors » que quelqu'Ordonnance a ete publiee & verifiée » au Parlement, soudain le peuple François y ad» here sans murmure; comme si telle Compagnie fût » le lien qui nouât l'obéissance des Sujets avec les » commandemens de leurs Princes; ce qui n'est pas » œuvre de petite consequence par la grandeur de » nos Rois, lesquels pour cette raison, ont toujours » grandement respecté cette Compagnie, encore » que quelquefois, & sur les premieres avenues, » son opinion ne se soit en tout & par tout rendue » conforme à celle des Rois.

» Dans le même chapitre Pasquier ajoute du Par» lement: Qu'il est le principal retenail de la Mo» narchie, puisque ceux qui, jadis par voies obli» ques, aspirerent à la Royauté, se proposerent » d'établir une forme de Parlement là où ils avoient » puissance ». Tels furent les anti-Parlemens dans l'invasion des Anglois en France sous Charles VI,

bassadeur auprès du souverain Pontife. Telle est en France la forme essentielle, maintenue

---

Charles VII, dans le tems de la ligue sous l'autorité usurpée; là d'un de Mayenne, ici d'un Duc de Mercœur, &c.

Croiroit-on que Machiavel lui-même, dans les horribles leçons qu'il donne au Prince, comme s'il falloit un systême pour raisonner l'abus de la puissance, n'ait pu s'empêcher de rendre à la sagesse du gouvernement François cet hommage précieux. *Voy.* le Prince de Mach. ch. 19. Discours, liv. 1, ch. 16, liv. 3, ch. 1.

» Parmi les Royaumes bien ordonnés & bien gou-» vernés, est celui de la France; car il s'y trouve » une infinité de bons établissemens, dont dépendent » la liberté & la sûreté du Roi, le premier desquels » est le Parlement & son autorité... & d'un autre » côté le Royaume de France ne demeure assuré pour » autre chose, qu'à cause que les Rois y sont obligés » à une infinité de loix où se trouve la sûreté de tous » les peuples.... desquelles loix & ordonnances les » Parlemens sont gardiens, protecteurs, & princi-» palement celui de Paris.

Un de nos Historiographes, du Haillan, liv. 3, observe que ceux qui ont voulu discourir sur l'état de ce Royaume, ont estimé que de cette commune police (des Parlemens) qui étoit comme mitoyenne entre le Roi & le peuple, dépendoit toute la grandeur de l'Etat... De là advient que nos Rois, ayant leur puissance limitée par Justice, bonnes loix & ordonnances, sont beaucoup plus aimés, plus redoutés de leurs peuples, que ceux desquels le pouvoir est débordé, sans aucune modération ne regle.

Avant du Haillan, le célebre du Seissel, Archevêque de Turin, qui avoit eu la confiance de Louis XII, disoit à François I, dans un Ecrit qu'il fit pour ce Monarque: « que cette modération & réfréna-„ tion de la puissance absolue des Rois est à leur „ grand honneur & profit.... & sont les Rois plus à „ louer & à priser de ce qu'ils veulent, en si grande „ autorité & puissance, être sujets à leurs propres „ loix, & vivre suivant icelles, que s'ils pouvoient „ à leur volonté user de puissance absolue, que „ les Parlemens ont été principalement institués à

de tous tems, & religieusement observée par l'autorité royale, que rien de ce qui touche, dans l'ordre de la législation, l'intérêt public, ou même l'intérêt particulier, n'ait caractere de loi qu'après la délibération & l'enregistrement. Les Rois n'ont jamais entendu forcer le suffrage des Magistrats; ils leur recommandent de *délibérer* si la loi nouvelle ne blesseroit pas en tout ou partie les intérêts du Prince, ne porteroit pas atteinte à la constitution de l'Etat (64): de là, en même-tems que l'enre-

„ cette fin de réfréner la puissance absolue, dont „ useroient les Rois ». *Voyez* Monarch Franç. de du Seissel, p. 1, chap. 12. *Voyez* le Rosier des guerres, chap. 3, des Justices.

Pasquier dit encore, liv. 3, ch. 16, d'après cette constitution de la Monarchie Françoise: « Que nos „ Rois doivent trois & quatre fois plus au Parle- „ ment, qu'à tous les autres Ordres politiques, & „ que toutes & quantes fois que, par opinions cour- „ tisanes, ils se désuniront des sages conseils & re- „ montrances de ces grands Corps, autant de fois „ perderont-ils beaucoup du fonds & estoc ancien „ de leur Majesté, étant leur fortune liée avec cette „ Compagnie.

(64) Où il se trouveroit difficulté pour empêcher *la vérification en tout ou en partie*, la Cour enverra des Remontrances, Edit d'Octobre 1553, art 2. L'Ordonnance de Moulins, en ordonnant l'enregistrement, dit de même, *sinon qu'ils avisassent nous faire quelques Remontrances*. La Déclaration de 1666, sur l'Ordonnance de Moulins, porte: « Déclarons notre „ vouloir & intention avoir été & être que les gens „ de nos Parlemens nous puissent faire & réitérer „ telles Remontrances qu'ils aviseront sur les Edits, „ Ordonnances, Lettres-Patentes, &c. Enfin, Voy. la Declaration de Septembre 1715, soit dans le préambule, soit dans les dispositions, ce qui répond exactement à cette loi célebre de Charles-le-Chauve à ses Féaux: « Cuncti sollicitiùs præcavebunt ne „ aliquis nobis immoderatiùs suggerat, aut quolibet modo illiciat ut contrà justitiæ rationem, & „ nostri nominis dignitatem ac regiminis æquitatem

gistrement libre, le droit de remontrances, se

„ agamus, & si fortè surreptum nobis quippiam ut „ homini fuerit competenter & fideliter prout su- „ blimitati regiæ convenit & necessitatibus subjec- „ torum expedit ut hoc rationabiliter corrigatur, „ vestra fidelis devotio admonere curabit ». *Voyez* les Etats generaux tenus à Orléans en 1561, demander, obtenir du Roi des lettres de prorogation pour le Parlement, afin qu'il pût procéder à la vérification & enregistrement de l'Ordonnance qui fut déterminée par les cahiers, plaintes & doleances desdits Etats généraux. *Voyez* Lettres Patentes du 14 Septembre 1561.

Voyez les Etats généraux de Blois en 1576, reclamer auprès du Monarque l'intégrité, la conservation necessaire de l'autorité des Cours de Parlement, se plaindre qu'on fit violence à leur Religion, leur rappeller, leur faire un devoir de conscience de ne pas vérifier & enregistrer les Edits qui ne doivent pas l'être, dire avec beaucoup de vérité que les commandemens du Roi, plusieurs fois reitérés, ne sont jamais nécessaires, quand les Edits sont justes & bons; se plaindre qu'il y avoit parmi les Juges des ames vendues & corrompues. *Voyez* le Discours de l'Orateur du Tiers Etat aux Etats généraux de Blois, page 746.

Ce regard des Etats généraux sur le dépôt des loix, en confirmant dans tous les tems cette confiance nationale où le Parlement prit son origine, répand le plus grand jour sur les principes qui concilient les Etats généraux avec le Parlement. Quand les Etats, soit généraux, soit provinciaux, sont assemblés, le Parlement est toujours ce Corps fixe & permanent, dépositaire des loix, cette Cour plénière du Roi, ce Tribunal souverain établi par l'autorité Royale. Sous le premier rapport, les loix ont établi, & les Etats généraux demandent que les Ordonnances, que les loix nouvelles soient adressées pour recevoir la forme de l'enregistrement libre au dépôt permanent de la loi. Sous les autres rapports, les Parlemens exécutent les loix : c'est ainsi que la Magistrature, sans former un quatrieme ordre dans l'Etat, parce qu'il est, comme le dit la loi, *pars Corporis Regia*, le lien de tous les ordres. Déclarat. de 1648. C'est un Corps intermédiaire entre le Roi & le peuple.

droit de réclamation : voie respectueuse par laquelle les Rois ont connu si souvent la vérité : de là cette législation fixe, qui n'enjoint aux Juges subordonnés de garder & observer les Ordonnances qu'en y ajoutant ces termes : (65) *Publiées & vérifiées en nos Cours .... bien & duement enregistrées ès Cours de Parlement .... où, suivant les vérifications qui en ont été faites par les Compagnies Souveraines ......* De là, l'usage & le droit constant des modifications qu'apportent les Cours Souveraines à l'enregistrement des Edits qui, sans blesser en tout, blesseroient en partie l'ordre & l'intérêt public. C'est ainsi qu'en tout tems, à la satisfaction du Monarque, pour ses intérêts, pour sa gloire, & pour la durée de la Monarchie, les Corps dépositaires des Loix ont exercé, dans l'ordre de la législation, ces fonctions importantes dont les Rois se sont absolument déchargés sur la fidélité & sur la conscience des Magistrats. (66)

---

(65) Ordonnances de Blois. Déclaration de 1648. Déclaration de 1749.

(66) *S'en déchargeant absolument sur la fidélité & sur la conscience* (du Parlement). Ordonnances de Charles-le-Chauve & de Charles VI, *de corde puro, de conscientiâ bonâ, de fideli Consilio*

Le Clergé en 1650, établissoit les mêmes principes sur les Evocations. L'Evêque d'Alby avoit été déposé contre les regles par des Commissaires du Pape. Il interjetta appel comme d'abus au Parlement. Le Roi, sous le ministere du Cardinal Mazarin, évoque l'affaire ; mais le Parlement, après avoir arrêté des Remontrances, passe outre. Sur cela le nouvel Evêque d'Alby ayant dit dans l'Assemblée du Clergé, qu'il ne vouloit point d'autres Juges que la personne du Roi, on trouva, dit le procès-verbal de l'Assemblée, que c'est une voie extraordinaire, & que c'étoit empêcher que la justice ne fût rendue ; sur quoi l'Assemblée arrêta de députer au Roi pour le supplier de faire rendre justice à ce Prélat.

Dans l'ordre de la jurisdiction, où s'exerce la puissance de juger au nom du Souverain, & à sa décharge, où se fait l'application réglée, exacte de la loi aux citoyens en matiere criminelle, par combien de soins la compétence est-elle fixée ? Nos Rois, en se reservant le plus bel attribut de la Souveraineté, celui de faire grace, ont renvoyé les condamnations vers leurs Officiers. (67) Nulle attention plus marquée que celle du Monarque à maintenir la Jurisdiction attribuée aux Cours de Parlement & aux Compagnies Souveraines, *tant par leur établissement que par les Ordonnances* de tous les Rois dans les différens tems de la Monarchie. (68) C'est-là qu'en dernier ressort, soit en premiere instance, dans le cas d'un privilege légal, ou par la nature de la cause, si elle est majeure, soit par la voie de l'appel, dans le cours ordinaire, tout citoyen doit être jugé en matiere criminelle. (69)

---

(67) Il n'y a rien qui force plus un peuple à honorer son Roi, que la douceur naturelle qu'il pratique au profit des siens..... La rigueur se fait craindre, & par conséquent peu aimer .... les choses où la sévérité est nécessaire, la connoissance en doit être renvoyée (par les Rois) au Parlement, pour y apporter l'ordre requis par la voie de la justice, sans qu'il semble que cela vienne de leur autorité seule : Henry IV, Lettre au Parlement du 15 Novembre 1595..... Voy. le Discours du Président de Bellievre au Roi dans le procès du Duc de la Valette, dans les Mémoires de Montrésor, tome 2. Voy. les Mémoires de Talon.

(68) Voy. Edit de Loudun en Mai 1616, art. 10.

(69) » Et au regard de nos Conseils Privés & » d'Etat, ayant en l'endroit bénignement reçu les » Remontrances qui nous ont été faites par nos Etats, » afin aussi de le rétablir en sa premiere dignité & » splendeur, & que dorénavant notredit Conseil ne » soit occupé ès causes qui gissent en jurisdiction con- » tentieuse, voulant conserver la jurisdiction qui

Là se rapporte cette progression de jurisdictions subordonnées, dont le dernier terme

---

„ appartient à nos Cours souveraines & Justices ordinaires ; avons renvoye les instances pendantes, „ indécises & introduites en icelui, tant par évocation qu'autrement, pardevant les Juges qui en „ devoient connoître, sans que notredit Conseil à „ l'avenir prenne connoissance de telles & semblables matieres, lesquelles voulons être traitées pardevant nos Juges ordinaires, & par appel en nos „ Cours souveraines, suivant nos Edits & Ordonnances. » Art. 91 de l'Ordonnance de Blois Voy. l'art. 13 de l'Edit de Henry IV, publié à Rouen en 1597, « Veut que le Conseil Privé ne soit occupé ci-après ès causes qui consisteront en jurisdictions contentieuses. » Voy. le Réglement fait concernant le Conseil Privé deux ans auparavant par le même Prince. (dans le Cod. Henry, liv. 9, tit. 21, nº. 24. Edit de 1622, & Joly, Offices de France liv. 2, tit 2. Ces dispositions des loix ont été répétées par la Déclaration de 1618.

Sur la naissance, sur l'établissement, sur la nature du Conseil Privé qui appartient plus à l'administration de l'Etat, qu'à l'ordre de la législation. Voy. Pasquier, Rech. de la Fr. liv. 2, ch 7. Charondas, Pandectes du Droit François, liv. 1, ch. 23. Coquille sur l'art. 91 de l'Ordonnance de Blois & Mornac. *Ad legem unic. Cod. de Senatus Consult. Quantùm ad sacri consistorii principis judicia, in tabulariis curiæ legitur olim equidem postulasse Dominum Riantium cum Regii oratoris personam sustineret, ne illa patroni deinceps alio quàm deliberationis nomine dicerent si de forensibus controversiis ageretur* Avis du Conseil, *ut aiebat vulgari vernaculo, acta Consistorii nuncupavit alter in Senatu etiam maximus : appellantur verò hodiè, nec à multis annis, arresta quibus ineluctabile in superiores regni curias fatum*.... De là la maxime constante dans le droit public françois que les Arrêts du Conseil ne peuvent entrer dans l'ordre de la législation que revêtus de Lettres Patentes du Souverain, & présentées sous cette forme nécessaire à l'enregistrement dans les Cours de Parlement & Cours Souveraines.

Ajoutez, avec Montesquieu, « qu'un Conseil „ qui n'est pas permanent, qui ne peut être nombreux, qui concerne l'administration, qui n'a ja-

est une Cour Souveraine. (70) Là se rapporte (71) l'attention de nos Rois à rendre cet ordre fixe & invariable, à maintenir sous le ressort du Parlement l'autorité & la Jurisdiction des Juges naturels & de premiere instance ; là se rapportent tant de Loix qui prescrivent aux Juges de n'avoir aucun égard aux lettres closes, de ne pas plus déférer aux Lettres patentes de surséances en matiere criminelle (72) ; de n'avoir aucun égard aux surprises qui pourroient être faites au Prince contre l'intérêt public & les regles de la justice. Si dans le cours ordinaire de la justice un citoyen est appellé dans un tribunal qui soit son tribunal naturel & compétent, mais qui lui offre un certain nombre de Juges, ou intéressés, ou parens de la partie adverse, ou suspects par d'autres motifs, des loix générales & fixes ont établi, en ce cas, un ordre

---

» mais, au degré nécessaire, la confiance du peuple, » ne peut être le dépôt des loix, ni un tribunal de » judicature. »

(70) Dans le cours ordinaire de la Justice en matiere criminelle, l'appel vient du premier degré, *omisso medio*, à la Cour souveraine.

(71) Ordonnance de Jean I, en 1355, « Voulons » & ordonnons que toutes Jurisdictions soient laissées » aux Juges ordinaires, *sans que nos sujets soient doresnavant traits, ajournés, n'autrement travaillés pardevant nos Maîtres des Requêtes, ne Maîtres d'Hôtel.* »

Charles VIII en 1408, *prohibemus ne deinceps nobiles vel eorum subditi trahantur pro quâcumque causâ criminali vel civili extra ordinarium ressortum.*

Sur l'irretractabilité des Arrêts, Voy. l'art. 92 de l'Ordonnance de Blois.

(72) Voy. les Ordonnances de Moulins, celles de 1453 & 1499. Voy. l'Ordonnance de 1539, celle de Blois, & la Déclaration d'Octobre 1648.

Volumus ac præcipimus ut talibus litteris non obediant vel obtemperent quoquo modo, immò eas nullas, iniquas vel subreptitias pronuncient & annulent. Ordonnance de 1344.

d'évocation invariable ; (73) car ce sera toujours dans un tribunal homogene, à celui où il devoit être jugé, que le citoyen retrouvera le dépôt des loix & la jurisdiction légale.

Pour mieux assurer l'ordre fixe de la jurisdiction, pour ne rien laisser d'arbitraire dans l'exercice important de la puissance de juger, pour éloigner des fonctions du Magistrat toute influence de crainte, de terreur, de timidité; pour ajouter encore, s'il étoit possible, à la confiance du peuple dans les Juges de l'Etat, nos Rois ont imprimé sur l'office du Magistrat & du Juge, le même caractere de stabilité que sur le Tribunal. Après que le Souverain a agréé un citoyen pour son Officier, après que ce citoyen a répondu aux épreuves qui représentent l'élection primitive, après que ce citoyen a été reçu par le Tribunal dépositaire des Loix, il ne peut plus perdre cet état, que par résignation volontaire, mort naturelle, ou forfaiture préalablement jugée (74) *par Juge compétent.*

---

(73) L'Ordonnance des Evocations de 1669, & le Réglement de 1737. *Passim.* « Voulons qu'il ne soit » délivré aucunes Lettres d'évocations, soit généra- » les, soit particulieres, de propre mouvement. »
Ordonnance de 1539, celle de Blois, & Déclaration de 1648.

(74) C'est ainsi que s'exprimoit Charles V, Dauphin, Régent du royaume pendant la prison du Roi en 1359; 28 Mai, Ordonnances du Louvre, tome 3, préf. p. 66, & p. 345 des Ordonnances, il y avoit eu une faction puissante contre le Dauphin : Robert le Coq, Evêque de Laon, étoit à la tête.

Charles V, après avoir exposé que des gens, qui par la suite ont été reconnus comme traîtres & conspirateurs contre la Majesté du Roi, l'honneur & le bien de la couronne & du royaume, s'étoient acquis du crédit, cachant leur ambition sous le voile du bien public & du bon ordre du royaume, & qu'ils avoient conspiré encontre plusieurs des Conseillers

La Magistrature dans une Monarchie est un témoignage d'honneur, dès que le choix du Sou-

---

& Officiers du Roi, tant par mauvaise haine que pour venir plus aisément à leurs entreprises, ce Prince ajoute : « Bien savoient qu'ils ne pourroient accomplir leurs mauvaises intentions, tant comme „ lesdits Officiers qui étoient bons & loyaux pru- „ d'hommes, sages & experts ès besognes du royau- „ me, demourroient en leurs Etats.... Et finale- „ ment pour venir en leurs entreprises, & pour eux „ vengier desdits Officiers & Conseillers, auxquels, „ sans cause raisonnable, ils avoient conçu haines & „ malivolences, nous fut baillé par écrit plusieurs „ points & articles entre lesquels il y en avoit moult „ préjudiciables aux droits & noblesse de la couron- „ ne de France, à notredit Seigneur (le Roi) & à „ nous, & avec ce y étoit contenu que nous prive- „ rions de tous Offices & Conseaux royaux, & nôtres „ à toujours les dessus nommés comme indignes & „ moins suffisans... Mais bien connoissons qu'icelle „ privation étoit procuree, non pour le bien de la „ justice, mais de mauvais courage, & par haine, „ envie & par vengeance torçonniere & injuste, „ tant pour défaut de toute vraie & juste cause, com- „ me aussi pour défaut de tout ordre de droit & de „ coutume qui en rien n'y étoit gardée ; mais étoit „ de fait, eux non appellés, non ouis, non con- „ vaincus, combien qu'ils nous eussent offert eux „ défendre. Savons que tout icelui fait ne se pou- „ voit soutenir à la parfin ; que en icelui, justice „ a été blessée & pervertie, & spécialement en gré- „ vant & opprimant l'innocent par fausse & calom- „ nieuse suggestion...... » Charles V rétablit ces Officiers & Conseillers.

Louis XI, le même dont nous avons la célebre Ordonnance de 1467, crut, au commencement de son regne, devoir se venger de la disgrace qu'il s'étoit attirée de la part du pere & du Roi le plus doux : il destitua une partie de ses Officiers à son avenement à la couronne. Il s'en repentit si vivement depuis, qu'il fit promettre & jurer à son jeune fils Charles VIII, « d'entretenir après sa mort, aux charges & „ offices qu'il trouveroit être au royaume, les Sei- „ gneurs de son sang Officiers de judicature, sans

verain a donné ce témoignage, dès qu'il a été confirmé par les épreuves qui répondent à la confiance publique, on ne doit plus le perdre qu'à la mort, qu'avec l'honneur même, ou par

---

„ aucunement les changer, muer, ne désapointer, „ sinon que fussent trouvés autres que bons & loyaux, lui remontrant les grands maux, inconveniens & domages qui lui étoient advenus peu „ de tems apres son avenement à la couronne pour „ ne les avoir maintenus à leurs états, charges, & „ offices. » Math. Paris, hist. de ce Prince, liv. 10, n° 8.

C'est ce que représenterent encore au même Roi Charles VIII, les Etats genéraux de Tours, en 1483, ch. de la just. pag. 107, Edit de Par. 1651.

„ Semblablement, pour ce qu'il n'est rien qui tant „ excite un Officier à bien & loyaument & diligemment servir, que d'être assuré de son état & de „ sa vie, en bien & loyaument servir son Maître, & „ exerçant son office, semble auxdits Etats être „ bien raisonnable chose que en ensuivant les Ordonnances royaux sur ce faites, un Officier royal & „ bien exerçant son office, soit assuré de l'état de „ sa vie, & d'être continué en icelui, & s'il ne fait „ faute, il ne doit être privé, ne debouté, & n'en „ doit être desapointé sans cause raisonnable, lui sur „ ce oui en justice, car autrement il ne seroit vertueux ne se hardi de garder & bien defendre les „ droits du royaume, & si seroit plus Argus & inventif à trouver exactions & pratiques pour ce „ qu'il seroit tous les jours en doute de perdre son „ office. »

Réponse du Roi Charles VIII à cet article: „ Parce que le présent article est raisonnable, que „ nul Officier ne soit destitué de son office & état, „ sinon par mort, résignation, ou forfaiture préalablement faite *par Juge compétent*, l'Officier oui, „ duement appellé, le Roi l'a accordé & veut qu'il „ soit entretenu & observé dorénavant. »

En 1642 sous le ministere du C. de Richelieu (c'est à l'histoire & non à des éloges, à des oraisons funebres à qualifier un tel ministere par rapport à l'interieur du royaume.) Il y eut quelques Officiers du Parlement de Paris destitués d'office dans un lit

une résignation libre. Ce témoignage doit toujours être présent au Magistrat dans l'exercice de ses devoirs, doit toujours être respecté dans la conservation de ses droits, doit toujours *être présent* à la confiance des citoyens. Le Magistrat ne peut donc perdre son état qu'avec l'honneur ; & aussi cher, & plus cher que la vie, cet honneur, cet état ne doivent être compromis que devant les Loix, que par une accusation publique, que devant les Juges de l'Etat. Là, se réunissent, pour un Magistrat de Cour Souveraine, tous ces principes qu'on a vus marcher avec la constitution de l'État. Il ne doit être jugé que par ses Pairs, par le Tribunal dont il est membre ; il doit être confronté au dépôt des loix dont il étoit lui-même un des gardiens ; c'est ce Tribunal qui, sur son propre honneur, sur sa conscience, doit répondre, à l'intérêt de la Nation, du sort d'un de ses Juges, au Souverain, du sort d'un de ses Officiers, à la postérité, du sort d'un Citoyen honoré du titre de Magistrat.

C'est un droit pour le Magistrat d'être jugé par le Parlement dont il est membre ; c'est un droit pour le Parlement de juger ses membres

---

de justice, où régna la terreur & le silence, & comme le dit Charles-le-Sage : « ils furent *destitués* » *de fait tant seulement* contre tout ordre de droit & » de coutume, sans loi, sans jugement, sans connois» sance ou existence de cause, & sans avoir eu de » droit aucun effet. » Cette destitution étoit tombée, comme du tems de Charles V, sur des personnages de mérite, de suffisance & d'intégrité. (Ce sont les termes de M. Talon en 1643.) Aussi le Cardinal eut-il à peine les yeux fermés, que Louis-le-Juste rendu aux mouvemens naturels, à son cœur & au vœu des loix, révoqua la Déclaration de 1641, & rétablit les Officiers destitués.

Chambres assemblées (75) : c'est moins un pri-

(75) De là l'obligation imposée aux Cours de Parlement, de tenir des Mercuriales dans tels & tels intervalles, Mercuriales destinées à examiner l'inobservation, l'inexécution des Ordonnances, & à réprimander les Magistrats qui les auroient violées ; que si le cas étoit grave, à ces Mercuriales succéderoit une procédure criminelle dans le Parlement même, dont le membre a délinqué. *Voyez* les Ordonnances de Charles VIII de 1493, art. 110 ; de Louis XII, en 1498 & 1499 ; de François I, en 1539, art. 130 ; de Charles IX, en 1566, art. 3, & de Henri III. Ordonnance de Blois, art. 144. Le même Roi François I, a ordonné par Edit fait à la Bourdaisiere le 18 Mai 1529, art. 2. Si quelqu'un présente Requête afin de renvoyer le procès d'un Parlement à un autre, & qu'elle contienne quelque chose qui touche l'honneur d'un des Présidens & Conseillers, que copie soit incontinent envoyée de ladite Requête à la Cour de Parlement, où est celui qui est taxé, afin que ladite Cour, appellé le Procureur Général d'icelle, après en avoir dûement informé, le punisse s'il est coupable. D'autres Juges ne peuvent connoître, ni par voies d'instruction, d'information, ou autrement, & ne peuvent juger un proces concernant la vie, la dignité, l'honneur des Conseillers de la Cour de Parlement, que leurs Collegues mêmes qui sont reçus en ladite Cour : ils sont justiciables de cette Cour ; ou si pour cause de récusation, ou par d'autres circonstances, il se trouvoit que cette Cour n'en pût connoître, alors la connoissance, le jugement, dans l'ordre légal de l'évocation, & sur les mêmes principes de droit public, doit appartenir à la Cour de Parlement la plus prochaine, d'où une Commission rogatoire, envoyée sur les lieux au Juge ordinaire, pourvoiroit légalement à l'acquisition judiciaire des preuves. *Voyez* Chopin sur la Coutume de Paris, liv. 3, tit. 3, N°. 26. *Voyez* les Arrêts de Jean Duluc, liv. 4, tit 2, *de Curiâ*, cap. 19. *Voyez Langlæi in supremâ armoricæ Curiâ senatoris otium semestre* lib. 7°. cap. 17°. *Voyez Mornac, ad tit. 9. de senatorib.* lib. 2 & 3, ff. & encore *ad Leg. primam Cod.* tit. *ubi senator vel clarissimus quisque conveniri debet civiliter vel criminaliter. Voyez* Despeisses, part. 1, tit. 3 des Juges ès causes criminelles, N°. 7. *Voyez* Rocheflavin, liv.

vilege de la Magiſtrature, qu'un reſte précieux de l'ancien droit public de tout citoyen d'être jugé par ſes Pairs. Tout citoyen enfin, ne doit être jugé, en matiere criminelle, que par ſes Juges naturels ; en dernier reſſort, par une Cour ſouveraine, toujours par les Juges que les Ordonnances, légalement enregiſtrées & publiées, ont établis avec le caractere fixe & général de Juriſdiction (76).

10, chap. 32. *Voyez* Automne dans ſa conférence du Droit François avec le Droit Romain, ad tit. 24, Cod. *de Judiciis*, *Voyez* Boniface, tom. 1 de ſes Arrêts, liv. 1, tit. 25, N°. 9. *Voyez* tous les criminaliſtes, Muyart de Wouglans, la Combe, Salé, &c. „ Les membres d'un Parlement ne peuvent être „ jugés que par le Parlement même en corps & les „ Chambres aſſemblées.... On ne peut ſeulement „ enquérir contre aucun Magiſtrat de Cour ſouve- „ raine, qu'au préalable par Ordonnance de la même „ Cour, la cauſe ne ſoit communiquée au Procu- „ reur-Général, de laquelle le prévenu pourra de- „ mander communication, ſi bon lui ſemble ; & „ après on députe des Conſeillers pour procéder à „ l'inquiſition, & être le tout rapporté aux Cham- „ bres aſſemblées, d'où cette même Cour émane.

Un procès criminel contre un Magiſtrat de Cour ſouveraine, eſt eſſentiellement une de ces affaires majeures qui ſe traitent Chambres aſſemblées : c'eſt le paſſage tiré de la Rocheflavin.

On peut voir dans Chopin combien, de ce droit ſur leurs membres, les Cours ſouveraines ont, en différens tems, fait un uſage ſévere & légal, propre à faire trembler les coupables, à aſſurer l'honneur des Compagnies, mais en même-tems à raſſurer l'innocence & la vertu des Magiſtrats.

(76) Dans l'ordre fixe des Juriſdictions, établi à perpétuité par les Ordonnances, on peut diſtinguer encore, par rapport à la nature du crime, le Juge ordinaire & le Juge extraordinaire. Les Juges ordinaires ſont ceux qui jugent toutes ſortes de crimes en général, excepté ceux dont la connoiſſance leur eſt interdite par les Ordonnances enregiſtrées dans les Parlemens ; tels ſont les Juges Seigneuriaux,

Après tant de ſoins pour régler l'exercice de la puiſſance de juger, pour aſſurer le caractere & la ſtabilité des Juges, le caractere & la ſtabilité du Tribunal; pour établir un ordre général & invariable de Juriſdiction; enfin, pour protéger l'innocence, & pourſuivre le crime, on n'avoit pas à craindre de voir cet ordre troublé : il ſuffiſoit que la loi l'eût preſcrit; & quand on ne trouveroit point en

---

les Prevôts, Châtelains & Sénéchaux Royaux; les Lieutenans criminels, & les Cours de Parlement qui ont le dernier reſſort.

Les Juges extraordinaires établis avec une Juriſdiction fixe, ſtable & légale, ſont ceux qui ne peuvent juger que certains crimes dont la connoiſſance leur eſt attribuée pour tout tems par les Ordonnances du Royaume; tels ſont les Préſidiaux, les Prévôts des Marechaux & Lieutenans-Criminels de Robe-Courte; les Elections, Monnoies, les Cours ſouveraines des Aydes & Monnoies, Eaux & Forêts; Table de marbre.

Mais ces Juges extraordinaires, par rapport à la nature des crimes dont la connoiſſance leur eſt attribuée, ſont vraiment des Juges ordinaires, naturels & fixes; leur Juriſdiction a tous les caracteres de la légalité, & on ne peut les confondre avec ce qu'on appelle Commiſſion extraordinaire & Juges délégués.

On a donné le nom de cas Prévôtaux ou Préſidiaux aux crimes qui exigent punition prompte, & qu'il ſeroit dangereux de différer, ou qui ſont indignes de la faveur de l'appel, appel qui, ſuivant le droit public, doit conduire l'affaire criminelle juſqu'à la déciſion d'une Cour ſouveraine, ou enfin aux crimes qui ſont commis par perſonnes viles & mépriſables, déſignées ſous le nom de gens ſans aveu, vagabonds, non domiciliés, ou déja condamnés & flétris : exception qui confirme la regle qu'un citoyen, s'il n'eſt pas privilégié en matiere criminelle, doit être jugé en premiere inſtance par ſes Juges naturels, & conduit par la voie de l'appel à la Cour ſouveraine, dépoſitaire des loix, de ces mêmes loix qu'il eſt accuſé d'avoir violées ou tranſgreſſées.

France d'autres loix que celles qui établissent positivement la compétence des Juges de la loi, c'en seroit assez à cet égard pour la sûreté des citoyens ; ce que la loi prescrit annulle tout ce qui pourroit la détruire. Ces loix positives sur la compétence avoient donc déja la force d'une loi prohibitive qui éloignât, qui repoussât à jamais tout établissement de Jurisdiction factice & momentanée : il n'en falloit pas davantage pour protéger les principes du droit naturel, les regles de l'équité & de la constitution de l'Etat. Mais telle est l'économie & l'étendue des loix françoises sur la compétence, & telle a été sur la Nation, sur le cœur du Souverain, l'impression des voies arbitraires ; que non-seulement ces loix ont assuré la compétence, mais encore ont anéanti, par une sanction directe, tout établissement de Tribunal momentané, sans les formes de la législation (77). « Pour faire cesser les plaintes à
» nous faites par nos sujets, à l'occasion des
» Commissions extraordinaires, avons révoqué
» & révoquons toutes lesdites Commissions ex-
» traordinaires, voulant poursuites être faites
» de chacune matiere pardevant les Juges à
» qui la connoissance en appartient. » On sent combien est précieuse cette loi générale, appuyée sur le vœu, sur la reclamation des peuples, & étendue à toute espece de Commissions ; on sent combien elle est de rigueur étroite en matiere criminelle : elle fut répétée sous le titre important d'article de la sûreté publique, par la Déclaration de 1648 (78). C'est à ces deux

(77) Ordonnance de Blois, art. 98.

(78) *Voyez* art. 14 de la Déclaration du 24 Octobre 1648 ; de plus, l'art. 15 porte formellement : « Voulons & nous plaît aussi qu'aucuns de nos sujets, » de

deux Loix que le Souverain a lié les dispositions qui retiennent dans l'ordre de la législation les Maîtres des Requêtes & les membres du Conseil, dont on se servoit le plus ordinairement dans ces tristes occasions, pour composer un Tribunal momentané. « Les Maîtres des Requêtes » ne pourront instruire & juger autres ma- » tieres que celles dont la connoissance leur » appartient par les Edits & Ordonnances, ni » juger en dernier ressort, ni souverainement » aucun procès, quelques Lettres attribuées de » Jurisdiction & Renvoi qui puisse leur être » fait, le tout sur peine de nullité. »

Aussi dans tous les tems les Corps dépositaires de la Loi se sont élevés contre les Commissions extraordinaires; ils ont maintenu de toute la force de la Loi les principes essentiels qui assurent un Tribunal impartial au citoyen : nul ne doit être appellé, ni jugé devant des Commissaires, fussent-ils mêmes choisis dans le nombre des Juges ordinaires ; & par cette raison seule qu'ils seroient des Juges choisis, combien de fois ces maximes d'Etat ont-elles été reclamées par des remontrances, conservées par les

„ de quelque qualité & condition qu'ils soient, ne „ soient traités criminellement que selon les formes „ prescrites par les Loix de notre Royaume & Or- „ donnances, *& non par Commissaires & Juges choisis*; „ & que l'Ordonnance de Louis XI du mois d'Oc- „ tobre 1467, soit gardée selon sa forme & teneur; „ icelle interprétant & exécutant qu'aucuns de nos „ Officiers de Cours souveraines & autres ne puissent „ être troublés ni inquiétés en leurs charges & fonc- „ tions de leurs charges, par Lettres de cachet ou „ autrement, en quelque sorte & maniere que ce „ soit. » L'article précédent ordonne que les articles 33 de l'Ordonnance d'Orléans, 99 & 209 de celle de Blois, concernant les fonctions des Maîtres des Requêtes, seront invariablement gardés & exécutés.

Arrêts, & confirmées par le refus de l'enregiſtrement de Commiſſions extraordinaires en matiere criminelle ? Si quelquefois le Parlement en a enregiſtré, lorſqu'il s'agiſſoit de faits de Finances, ce n'a jamais été qu'avec les modifications néceſſaires, pour faire rentrer cet acte dans l'ordre public, & avec la réſerve du droit des citoyens privilégiés.

Le Duc de Bourgogne, dont l'hiſtoire nous apprend les vues & les entrepriſes (79), veut, ſous Charles VI, établir en force de Loi, la liberté indéfinie de Commiſſions arbitraires ſur les Officiers du Parlement qui *conviendroient* le moins à ſes projets. Il fait adreſſer au Parlement une Ordonnance qui portoit que les Conſeillers de cette Cour pourroient être punis, & même depoſés de leur état par quatre Préſidens. C'étoient des Commiſſaires tirés du Corps même ; mais c'étoient des Commiſſaires. Les Préſidens ſont les premiers à s'oppoſer à cette Ordonnance, le Parlement refuſe de l'enregiſtrer, & arrête (80) « qu'on ne pourra » procéder au jugement d'un procès concer- » nant la vie, l'honneur, la dignité d'un Con- » ſeiller de la Cour, ſans que toutes les Cham- » bres ſoient aſſemblées ; » Loi ancienne re-

(79) On ſait que ſous Charles VI, le Duc de Bourgogne & Iſabelle de Baviere, Epouſe de Charles VI : ſe liguérent avec les Anglois contre le Dauphin (Charles VII). Le Duc de Bourgogne & les Anglois établirent un Anti-Parlement à Paris. Le vrai Parlement ſe retira à Poitiers. La retraite ſe fit le 18 Juillet 1418. Les Regiſtres portent : *Ce jour ceſſa le Parlement du tout*, AB ORDINARIIS ET EXTRAORDINARIIS ACTIBUS. Le Parlement ne revint à Paris qu'en 1437. Voy. le P. Henault ann. 1415, 16, 17, 18, & 1437. Voy. Lett. Pat. du Dauphin Charles VII, du 21 Septembre 1418, Ordonnances du Louvre.

(80) Voy. les Arrêts de du Luc, Liv 4, tit. 2, *de Curia*, Cap 19. L'Arrêt eſt du 17 Fev. 1406.

nouvellée pour repousser l'idée des Commissions.

On avoit choisi, pour juger le Président le Coigneux, (81) le Parlement de Dijon, qui, tout Parlement qu'il étoit, ne pouvoit être regardé comme le Tribunal naturel, puisqu'il n'avoit l'affaire que *par choix de propre mouvement* (82), & non suivant l'ordre fixe d'une Evocation légale, au cas que le Parlement de Paris n'eût pu connoître de ce procès. Le Parlement de Dijon ne représentoit donc vis-à-vis d'un Président du Parlement de Paris, qu'un tribunal de Commissaires, un tribunal de choix. Il condamne le Président le Coigneux, qui se pourvoit devant ses propres Juges, Chambres assemblées. Lorsqu'on opina sur l'affaire, il fut dit au Parlement de Paris, « qu'il ne falloit » pas s'attacher au style, ni à la formalité des » Lettres pour justifier un homme condamné » par des Juges incompétens ; que le Parlement » avoit assez d'autorité pour le faire sans s'attacher aux Lettres du grand Sceau, inutiles » en cette occasion » (83).

Le Maréchal de Marillac, livré à des Commissaires, appelle à la Loi ; le Procureur-Général Molé conclut pour la Loi ; le Parlement de Paris reçoit l'appel. La force rendit l'Arrêt impuissant (84). Le secours des Loix fut plus heureux en 1631, pour le Lieutenant-Général du Baillif du Palais, reçu appellant de la procédure criminelle faite contre lui par une Commission extraordinaire de l'Arsenal (85).

(81) Mémoires de Talon pag. 27, Tom. 2.

(82) Expression des Ordonnances sur les Evocations.

(83) Mémoires de Talon pag 12, Tom. 1.

(84) Voy. plus bas l'histoire de Marillac.

(85) Arrêt du 28 Novembre 1631. Voy. les Mémoires de Talon.

L'appel de toute Commission extraordinaire est

On nomme des Commiſſaires au Parlement de Paris, pour faire le procès à un Conſeiller arrêté & détenu. Fouquet de Croiſſy refuſe de répondre devant les Commiſſaires, réclame ſon privilege, & l'Aſſemblée des Chambres. Les Commiſſaires étoient des Magiſtrats inſtruits : ils garderent de ſe juger compétens. Sur le déclinatoire, le procès eſt porté au Parlement entier, la procédure des Commiſſaires eſt ſupprimée (86). C'eſt à l'occaſion d'une Commiſſion extraordinaire que l'Avocat-Général Talon, parlant contre un Officier accuſé de crime d'Etat, diſoit « qu'il n'étoit point » de ſa charge de ſoutenir une procédure in- » compétente & irréguliere, dont l'accuſé étoit » appellant : que c'étoit ſervir le Roi, que d'a- » bandonner ce qui étoit fait pour le Roi, mais » contre les formes. »

L'article 58 de l'Ordonnance de 1629 paroiſſoit étendre au delà des bornes légales, l'autorité des Maîtres des Requêtes, & leur préparer des Commiſſions extraordinaires contre les Citoyens, contre les Magiſtrats, des infractions au privilege des uns, une atteinte au

---

une voie légale & néceſſaire, après s'être plaint au Juge incompétent qui ne peut juger ſa propre compétence. (Art. 147 de l'Ordonnance de Blois), on ſe pourvoit au Juge naturel & à la Cour Souveraine à laquelle appartiendroit le jugement ſuivant l'ordre fixe ; cette voie eſt indiquée par l'Ordonnance de Blois, même par rapport à des Commiſſions extraordinaires qui ne concerneroient pas des Matieres Criminelles (art. 340). Cette voie eſt indiquée par la Nation Voy. les Etats de Paris en 1615. On a vu dans tous les tems cet appel reçu par les Parlemens : d'ailleurs tout acte contraire à la Loi, eſt l'objet d'un appel à la Loi. Suivez les autorités citées, elles portent ſur ce point de droit public la lumiere la plus ſatisfaiſante.

(86) Voy. Mémoires de Talon à la fin.

droit des autres (87). Les Cours Souveraines, les Parlemens modifierent cette disposition, retinrent les actes de Jurisdiction volontaire des Maîtres des Requêtes dans les limites fixés de tout tems, & garantirent la tête du Magistrat, la tête du citoyen, de ce fleau terrible d'une Jurisdiction arbitraire.

Il n'est point d'objet sur lequel la Nation assemblée ait élevé vers le Souverain un cri plus touchant, que sur l'observation inviolable de l'ordre des Jurisdictions, & sur l'abolition de toute Commission extraordinaire. Au commencement du regne de Louis IX, sous la Régence de Blanche de Castille, tous les Grands de l'Etat & le Parlement réclament les principes de la sûreté publique, & la cessation de tout acte arbitraire, destructeur du droit qu'ont

---

(87) Le Parlement de Paris n'a jamais reconnu cette Ordonnance de 1629. Elle fut publiée, non vérifiée, dans un Lit de Justice, où la Délibération libre fut étouffée. Aussi cette Ordonnance, connue sous le nom de *Code Michaut ou Marillac*, nom de son auteur, n'est jamais citée par les Avocats du Parlement de Paris, & n'a jamais été observée. Voy. Monsieur le Président Henault, Abr. chron. de l'Hist. de France, en 1629.

Les autres Parlemens ne l'enregistrerent qu'avec modifications. Celles qui concernent l'art. 58, ne peuvent être plus précises, plus énergiques sur l'objet important de la sûreté publique. Enregistrement du Parlement de Toulouse sur l'art. 58.... « Sera „ Sa Majesté suppliée ne vouloir déroger au Privi„ lege des Parlemens auxquels seuls appartient de „ connoître des actions & déportemens des Offi„ ciers de leur Corps, & qu'en cas d'appel des Ju„ gemens des Maîtres des Requêtes, il sera sursis „ à l'exécution d'iceux, & la connoissance n'en „ pourra être renvoyée ailleurs qu'en la Cour pour „ ce qui concerne sa Jurisdiction & ressort, ni les „ sujets de Sa Majesté, distraits de leurs Juges or„ dinaires. „

les François d'être jugés par leurs Pairs (88).

Grenoble sur le même article .... « Est Sa Majesté très-humblement suppliée de conserver à la
„ Cour de Parlement, la connoissance des actions
„ & déportemens des Officiers de la Cour de Parlement, & autres de son ressort, & ne permettre
„ que ses sujets soient distraits de la Jurisdiction de
„ leurs Juges naturels & ordinaires. »

Bordeaux sur l'art. 58 déclare « n'y avoir lieu, sous
„ le bon plaisir du Roi de l'enregistrer, & est Sa
„ Majesté suppliée que le contenu ès art. 7. de l'Or-
„ donnance de Moulins, & 209 de celle de Blois,
concernant le pouvoir des Maîtres des Requêtes,
pour dresser par eux leurs procès-verbaux tant seulement, &c ....

Bretagne sur l'art. 58, ordonne *que les art. 7. de l'Ordonnance de Moulins, & 209 de l'Ordonnance de Blois seulement, seront gardés & observés.*

Dijon, article 58 vérifié, « sans que néanmoins lesdits Maîtres des Requêtes puissent informer con-
„ tre les Officiers du Parlement, & où ils rece-
„ vroient quelques plaintes contre aucuns desdits
„ Officiers, ils seront tenus d'en remettre les mé-
„ moires entre les mains du Procureur-Général du
„ Roi, pour être fait & parfait le procès aux cou-
„ pables audit Parlement, suivant les anciens pri-
„ vileges desdits Officiers. »

Ajoutez que depuis l'Ordonnance de 1629, la Déclaration de 1648 a confirmé la sûreté publique & le Droit essentiel de tout citoyen.

Le Parlement de Paris, par différens Arrêts a souvent, sous le ministere de Richelieu qui donna un cours singulier aux Commissions extraordinaires, décrété, appellé, réprimandé les Magistrats, ou les Maîtres des Requêtes qui n'avoient pas craint de composer des Commissions extraordinaires, & leur a fait défenses de s'ingérer dans de telles Commissions, si elles n'avoient les formes de l'Etat, & n'étoient enregistrées.

(88) *Pars maxima Optimatum petierunt de Consuetudine Gallicanâ omnes incarceratos à carceribus liberari, qui in subversionem Libertatum Regni jam per tot annos in vinculis tenebantur .... adjecerunt quod nullus de Regno Francorum debuit ab aliquo jure suo spoliari, nisi per Judicium Parium.* Voy. Math. Paris. anno 1226.

La Nation commença à respirer après la mort de Louis XI (celui de nos Rois sous lequel on compteroit le plus grand nombre de Commissions extraordinaires, si quelques siecles après le Cardinal de Richelieu n'avoit pas administré en France). C'est de ce Prince que les Etats de Tours assemblés en 1483, disoient que les bêtes furent plus franches que les hommes (89). Dans ces Etats & dans ceux de Blois, la Nation demanda que l'autorité des Corps dépositaires de la Loi, des Cours de Parlement, fût maintenue dans toute son intégrité ; qu'on y continuât d'enregistrer librement toutes les Ordonnances, les Edits, les Loix qui concerneroient le bien de l'Etat ; que l'on assurât les caracteres, l'inamovibilité, l'honneur des Magistrats, l'Etat des Juges ordinaires & de tous les Officiers du Roi ; mais sur-tout il faut voir la Nation insister, dans les termes les plus énergiques (90), sur l'abo-

---

(89) Chapitre de la Noblesse, Etats de Tours.

(90) Voy le Cahier présenté au Roi Charles VIII par les Etats tenus à Tours en 1483, Chap. de la Justice pag. 119, Edit de Paris de 1650.

» Item & au tems passé, quand un homme étoit „ accusé, supposé que ce fût à tort, il étoit perdu ; car là où il n'y avoit information, ni aucun „ droit requis en forme de Droit, il étoit pris, & „ apprehendé, & transporté, & mis hors sa Justice „ ordinaire, entre les mains d'aucuns Commissaires „ *quis & trouvés à poste*, & très souvent les accusa„ teurs avoient dons des forfaitures ou amende, „ & aveoir les proces, & à conduire comme Com„ missaires & Juges, & se ils n'etoient Commissai„ res, si en avoient-ils les Lettres expresses pour „ être présens avec les Juges à faire leurs procès, „ & de ce sont ensuis plusieurs injustices. Si sem„ ble auxdits Etats que telles manieres d'accusa„ tions sinistres doivent cesser, & ne l'en jamais „ donner, ne souffrir tels Commissaires extraordi„ naires ; mais se aucuns sont accusés de quelque

lition perpétuelle de toute Commission extraordinaire, de tout Tribunal choisi. Il n'y a point eu,

---

„ cas ou crimes, *bonnes & dues informations soient faites par les Juges ordinaires, & sur-tout soient gardées en tels procès les forms s de Droit, en délivrant les innocens, & punissant les délinquans & faux accusateurs*, „ par les Juges ordinaires, ainsi que de raison, & „ que les cas le requierent.

» Et avec ce requierent lesdits Etats qu'iceux Commissaires & autres Juges ordinaires & extraordinaires, & Officiers de Justice, qui ainsi se sont malversés en leurs charges & offices, soient punis & corrigés, & qu'ils en soient tenus dédommager ceux qui par eux ont été induement intéressés, & que les Cours Souveraines, sous le ressort desquelles lesdits délinquans & abusans sont demeurans, fassent de ce les punitions & réparations, tellement que ce soit exemple à tous autres, & que désormais tels abus & injustices n'ayent plus lieu en ce Royaume. »

Reponse de Charles VIII à ces deux articles du Cahier : *le Roi a concédé que le contenu esdits prochains articles, pour le bien de justice soit observé.*

Les Etats de Blois se plaignirent de même des *Exécuteurs de Commissions extraordinaires, Couratiers.... vermine d'hommes, & couvée d'Harpies écloses en une nuit*, „ lesquels par leurs recherches ont fureté tout le „ Royaume, jusqu'aux cendres des Maisons : ils „ marchoient orgueilleux en crédit, le sergent en „ croupe pour exécuter à leur mot les sujets du „ Roi, les Evocations en main pour les distraire „ en un Conseil de Parties, ainsi proprement appellé, parce que l'on disoit que quelqu'uns des Juges étoient les parties mêmes ; ils avoient les Jussions à commandement, pour forcer la conscience des bons, & violenter l'Autorité & la Religion des Compagnies Souveraines — par interdiction d'entrées & de séances. Combien d'Edits ont-ils été vérifiés & enregistrés avec ces mots, *par Commandement plusieurs fois réitéré*, qui ne sont jamais nécessaires quand les Edits sont justes & bons.... »

» Il s'est trouvé par-tout des ames vénales & corrompues qui avoient part au butin, qui étoient Juges & solliciteurs tout ensemble, & tout cela

peut-être, d'Etats généraux (91), où cet objet important n'ait fixé l'attention de la Nation assemblée, & où les Souverains, sensibles à l'intérêt le plus précieux du Peuple, ne lui aient garanti ce point fondamental de sa sûreté.

„ au profit de quelques particuliers, &c, &c ;
„ Etats généraux de Blois, pag. 746, année 1576. »

De là résulta la combinaison admirable des articles 91, 92, 98, 99, 147, 209, 340, de l'Ordonnance de Blois.

(91) Aux Etats assemblées en la Ville de Paris en 1614, dans l'Assemblée des Notables à Rouen en 1617, dans l'Assemblée des Etats à Paris en 1626, dans presque toutes les Assemblées des Etats généraux, dans beaucoup d'Etats Provinciaux, on a constamment demandé l'abolition de toute Commission extraordinaire, & crayonné cette espece de Tribunal en lettres de proscription.

On lit dans le Cahier présenté au Roi Louis XIII par Miron, Président du Tiers Etat à la cloture des Etats généraux, le Lundi 25 Fevrier 1615, Chap. de la Justice.

„ Que tous Edits, Déclarations de Votre Majesté, Lettres Patentes & autres Commissions pour „ l'exécution d'icelles, soient verifiées en vos Cours „ Souveraines auxquelles la connoissance en appartient ; les Chambres d'icelles, ou Semestres assemblés, &c. avec défense à tous Maîtres des „ Requêtes de l'Hôtel, d'exécuter aucuns desdits „ Edits & Commissions non vérifiés comme dessus, „ que l'art. 99 de l'Ordonnance de Blois, portant „ defense auxdits Maîtres des Requêtes de juger „ aucun procès souverainement, & en dernier ressort, soit gardé tant pour les procès civils que „ criminels, quelques Lettres attributives de Jurisdiction, Commission ou Renvoi qui leur puissent „ être faits, lesquelles ensemble les Jugemens sur „ ce par eux rendus, il plaira à Votre Majesté „ déclarer nuls ; & en cas de contravention, le „ plus ancien des Maîtres des Requêtes qui aura „ présidé, & la partie impétrante, soient condamnés à 3000 liv. d'amende ; contre lesquels Jugemens le Procureur-Général soit reçu à se pourvoir par appel au Parlement de Paris, pour y

Si après avoir vû se réunir contre les Commissions extraordinaires, le cri de la Nation, & la réclamation des Parlemens, on consulte les faits, on demande quels ont eté, pour l'innocent, les abus, les dangers de pareils Tribunaux : Que l'Histoire nous ouvre le dépôt de la vérité!

Entre les mains de qui l'humanité remettra-t-elle le pinceau de Tacite, pour rassembler, sous un point de vue rapide, les traits profonds & durables des Commines (92) des de Thou, des Castelnau, des Mezerai, des Dupuy, sur l'abus, sur le danger des Commissions arbitraires, sur le caractere général en tout tems des Juges choisis & momentanés, sur les tristes exemples d'illustres innocens condamnés par Commissaires (93).

Enguerand de Marigny, Ministre, qui ne

„ être la cause plaidée en l'Audience, & ladite „ nullité jugée, & amende déclarée encourue ».

De là, & de la réclamation des Cours Souveraines, la Déclaration de 1648, art. 14, & suivans.

(92) Commines nous donne ainsi la Théorie des Commissions extraordinaires, (chap. 18, liv. 5) „ Il est des Grands qui punissent sous ombre de justice, & ont gens de ce métier, prêts à leur „ complaire, qui d'un péché véniel font un péché „ mortel; s'il n'y a matiere, ils trouvent les façons „ de dissimuler à ouir les parties & les témoins, „ pour tenir la personne, & la détruire en dépenses, attendant toujours si nul ne veut se plaindre „ de celui qui étoit détenu, & à qui ils en veulent; si cette voie ne leur est sûre assez, & bonne „ pour venir à leur intention, ils en ont d'autres „ plus soudaines, & disent qu'il étoit bien nécessaire de donner exemple, & font les cas tels „ qu'ils veulent, & que bon leur semble ».

(93) Sur tous les exemples rapportés ici, Voy. Dupuy. Il a composé le mémoire justificatif de François de Thou. Ce mémoire est au quinzieme volume in-4° de l'hist. trad. d'Augustin de Thou.

devoit compte qu'au Roi, tant qu'il fut honoré de sa confiance, mais qui, après l'avoir perdue, ne devoit, comme citoyen, compte qu'aux Loix, sacrifié à la passion du Comte de Valois, son ennemi capital, est jugé par Commissaires, meurt, laissant dans l'esprit des peuples la présomption légale de son innocence, que tourna en certitude un Jugement de réhabilitation.

Olivier de Clisson condamné par son Roi qu'assistoient des Commissaires, exécuté à mort, jugé innocent ensuite, & les Loix rétablissant la réputation de son ombre.

Jean de Montaigu, après avoir rendu de grands services à l'Etat, mais deplu au Duc de Bourgogne, sacrifié à l'envie du Puissant qui sacrifioit la France, exécuté à mort précipitamment, & deux siecles encore après, sa mémoire bénie dans des lieux où il avoit exercé la bienfaisance, portant à l'oreille d'un de nos Monarques, cette apologie courte, mais énergique « *Sire, Montaigu ne fut pas* » *condamné par Justice, mais par Commissai-* » *res.* » (94)

Il donne une idée exacte du Ministere du Cardinal de Richelieu. Voy. sur le même Ministre, Mezerai, le Vassor, Montresor.... Je n'ai jamais vu d'eloge du Cardinal, que dans des auteurs qui avoient eu pour le louer une de ces trois raisons : le soin de leur propre vie, lorsqu'il régnoit ; le besoin d'une pension, lorsqu'il régnoit encore ; & enfin après sa mort, la nécessité de faire un compliment, lorsqu'on est reçu dans une compagnie célebre qu'il a concouru à former.

(94) Pasquier, Henris & Dupuy rapportent que François premier étant un jour chez les Celestins de Marcoussi, il demanda par qui ce Monastere avoit été bâti ; on lui dit que c'étoit par Jean de Montaigu, Grand-Maître de France. Sur cela le Roi répondit qu'il falloit que le Jugement par le-

René d'Alençon, Prince du Sang, accusé de crime d'Etat, après une instruction faite par le Chancelier d'Orioles, & par des Commissaires, est condamné à tenir prison sous Louis XI, mais délivré par Charles VIII, & jugé innocent.

Baune de Semblançay, Ministre, à qui l'Histoire ne connoît d'autre crime que d'avoir déplu à quelques Puissans, condamné par Commissaires à être pendu ; & après sa mort, un Jugement légal déclarant que les Commissaires avoient aveuglément obéi aux ordres de ceux qui avoient la principale autorité dans le Royaume.

Etienne Poncher jugé à mort par Commissaires pour un fait de Finances, Jugement si inique, que quelques-uns de ses Juges furent ignominieusement punis, & les autres obligés de tirer le cadavre de l'innocent d'un lieu d'ignominie fait pour eux, & de le porter eux-mêmes dans une sépulture honorable.

L'Amiral Chabot est accusé devant un Corps de Commissaires, choisis de différens Parlemens, & mêlés à des Maîtres des Requêtes, Tribunal présidé par un ennemi capital, le Chancelier Poyet, qui a le crédit de faire enregistrer la Commission ; l'Amiral condamné par ce Tribunal sur des imputations vagues, d'un an à l'autre, change de sort, parce qu'il change

---

quel ce Seigneur avoit été condamné, fût injuste, puisque sa mémoire avoit été rétablie, & ses os ensevelis avec honneur dans ce Monastere. A cela un des Moines répondit que *Monsieur de Montaign n'avoit point été condamné par Justice, mais par des Commissaires*, voulant inférer que ces Commissaires délégués à l'appetit d'un Seigneur qui pour lors pouvoit toutes choses, n'apporterent pas en le jugeant, la conscience de Juges.

de Tribunal ; il est absous. Où étoit le crime? Dans l'adresse, dans l'influence de l'ennemi qui présidoit au premier Jugement. Poyet est livré à ses Juges légitimes. Le Parlement de Paris le condamne, & la principale accusation est d'avoir forcé les avis des Commissaires contre l'Amiral. François I jura alors qu'il ne lui arriveroit jamais de faire faire le procès à qui que ce fût par de telles voies extraordinaires. Henri II perdit de vue cette leçon importante (95). Le Maréchal de Biés & Pouci de Vervins sont condamnés par Commissaires ; Vervins est exécuté à mort, de Biés succombe au chagrin : la mémoire de l'un & de l'autre est justifiée ensuite sur la falsification avérée des témoins, & sur le fondement légal qu'ils avoient été jugés par Commissaires.

Mais quel nom, quel exemple doit à jamais intéresser la Nation à la proscription d'un pareil Tribunal ! Un descendant de Saint Louis, le rejetton, l'aïeul de tant de Héros, le Prince de Condé en 1560, arrêté avec le Roi de Navarre son frere, pere de Henri III, est li-

---

(95) Celui qui a écrit la vie de Bourbon, appellé le Bon, parent du Seigneur de Vervins, dit fort naïvement de Vervins : *il fut condamné à avoir la tête tranchée, mais il a été déclaré innocent, parce qu'il avoit été jugé par Commissaires.*

» Violenta regni (Henrici II) initia cum superiori » anno resedisse quodam modo viderentur, hoc anno » veluti recruduere : nam Odoardus Biezius equitum » Tribunus qui quod oræ maritimæ à Francisco Rege » Præfectus malè rem administrasse diceretur accusa- » tus jàm tùm à multo tempore attinebatur, cùm » causam Judicibus non probaret ; tùm damnatus per- » petuòque carcere mulctatus .... ex mœrore animi » decessit vir strenuus & pugnax ... verùm posteà.... » Biezii & Jacobi Vervinii memoria sententiâ contrà » eos non à Senatu, sed à Judicibus delegatis tota » abolita est. Hist. Thuana.

vré ſous François II par Guiſe & par le Conſeil du Cardinal de Lorraine, à des Commiſſaires. Le Prince reclame les Loix pendant que les Commiſſaires inſtruiſent précipitamment ſon procès ; il demande ſes Juges naturels, le Parlement de Paris ; il eſt débouté par des Arrêts du Conſeil, ſans être oui ; . . . condamné à perdre la tête (96). . . La Providence, qui

(96) Voyez ſur l'Hiſt. du Prince de Condé, & ſur les jugemens par Commiſſaires, les Mémoires de Caſtelnau, tom. 1, les excellentes Réflexions qui s'y trouvent, & les Commentaires ſi eſtimés de le Laboureur à la ſuite de ces Mémoires.

Le Laboureur dit " que la condamnation du Prince „ de Condé, qui enveloppoit le Roi de Navarre „ ſon frere dans le même filet, n'étoit point une „ affaire de Commiſſaires, qui ne ſont point Juges „ naturels, même d'aucun particulier, en cas de „ crimes ſelon nos premieres Loix . . . Dans l'affaire „ du Prince de Condé, ajoute le même auteur, on „ n'étoit pas en peine de *fournir des informations toutes* „ *dreſſées*, & on avoit pourvu *à avoir des Juges qui* „ *conviinſſent*.

Voyez dans Brantome : Le Roi de Navarre, premier Prince du Sang, (pere de Henri IV) obligé de *caller* devant le Cardinal de Lorraine & Guiſe, & *faire non du Prince, mais à peine du ſimple Gentilhomme, pour demander qu'on rendit juſtice à ſon frere*. Brantome le vit deux fois " ce biſaïeul de Louis XIV, & „ Roi lui-même, aller attendre & trouver le Car- „ dinal en ſon jardin une fois, & l'autre en ſa cham- „ bre, pour le déſarmer contre ſon frere. Antoine „ de Bourbon parloit à découvert, la tête nue, & „ l'autre ſe mettoit très-bien à ſon aiſe, car il fai- „ ſoit grand froid ; & encore cette *interceſſion humble* „ étoit vaine ; & encore cette grace qu'il demandoit „ pour ſon frere, on ne la lui preparoit pas pour „ lui même.

Pluſieurs ayant lâchement ſigné l'Arrêt de mort du Prince de Condé, Louis de Bévil, Comte de Sancerre, refuſa de le faire, & dit qu'il mourroit plutôt mille fois que de ſouffrir que la Poſtérité put reprocher à ſa mémoire d'avoir ſigné un Arrêt injuſte contre un Prince qui pouvoit devenir ſon Roi.

veille au bonheur d'un grand Royaume, & à la durée de la Maison la plus glorieuse de l'Univers, épargne un meurtre à ce Regne : le généreux Sancerre refuse, le sage Chancelier de l'Hôpital differe de signer l'Arrêt ; il n'est point exécuté ; il l'étoit, sans la mort imprévue de François II. Les premiers jours du Regne suivant sont consacrés à la Justice Le Parlement, la Cour des Pairs, examine, pese l'accusation; un Jugement solemnel absout le Prince.

Je bénis encore une fois les Loix & la Providence. Sous Charles IX, sous ce Regne où une nuée invisible déroba à mille dangers le dépôt précieux de l'Auguste Race faite pour régner sur nous (97), si dans la Capitale, si dans les Provinces, sous le glaive des soldats, des assassins, à la voix impérieuse du fanatisme, il coula des torrens de sang, il n'en fut pas versé sous une ombre mortelle de Justice. Le Chancelier de l'Hôpital, les Magistrats, écarterent toute Commission extraordinaire ; on ne souilla les Loix d'aucun homicide ; ni les Tribunaux, ni les Juges, ni des simulachres de Tribunaux, ni des ombres de Juges, ne tremperent dans l'horreur fatale qui noircit ce Regne. On entendoit les accens effroyables du fanatisme répéter par-tout, au nom d'un Dieu de paix, *guerre ouverte*, *tue*, *carnage* : du moins ne vit-on pas un fantôme de Justice récevoir la Commission de juger, & l'ordre de condamner. Sous le Regne de Henri III, je ne vois aucune Commission extraordinaire établie en matiere criminelle, & je trouve re-

(97) Voyez dans Castelnau, dans le Laboureur, & dans tous les Mémoires & les Historiographes du Regne de Charles IX, les dangers que courut pour sa vie, à la S. Barthelemi, Henri IV.

nouvellée, *au milieu* des Etats généraux, cette Loi précieuse (98) qui devoit épargner à jamais de pareilles alarmes à la Nation, si Richelieu n'avoit dû vivre. Il n'y avoit point eu de Commissions extraordinaires sous Saint Louis majeur (99); il n'y en eut pas sous Charles V, sous Charles VII, sous Charles VIII; il n'y en eut pas sous Louis XII, le pere du peuple;... il n'y en eut jamais sous votre Regne, ô vous, dont le nom ne peut être prononcé sans attendrissement! vous, dont le nom sera à jamais pour les cœurs François une espece d'invocation! vous qui pardonnâtes à Mayenne, qui eûtes à combattre, & qui désarmâtes le fanatisme, qui n'exerçâtes, en matiere criminelle, que des actes de clémence, & qui en eûtes tant à exercer!... Immortel Henri IV! jamais vous n'ordonnâtes à des Juges de se déplacer, de juger, de condamner: vous laissiez cette portion de votre Autorité aux Loix (100)! Entouré des Sulli, des Jeannin, des

(98) Ordonnance de Blois.

(99) Ce fut sous la Régence de Blanche de Castille que le Parlement & les Grands de l'Etat reclamerent la sûreté publique, & le Droit des Pairs.

(100) „ A Dieu ne plaise, disoit ce bon Roi, „ que j'use jamais de ce pouvoir funeste qui se ruine „ en le voulant établir, & auquel je sçais que le „ Peuple donne un mauvais nom.... *Renvoyons la Justice à nos Cours de Parlement*, disoit encore le même Roi dans un passage déja cité..... Le Maréchal de Biron fut jugé par le Parlement.... Henri IV disoit dans une Assemblée de Notables à Rouen: „ Vous me voyez avec ma jaquette & mon pour-„ point comme un bon pere au milieu de ses en-„ fans.... je viens vous demander vos conseils... „ c'est une envie qui ne prend guere aux têtes gri-„ ses & aux Rois victorieux.... „ Quand il assiegeoit Paris, c'est-à-dire, des soldats de Mayenne, d'Espagne

des Villeroi, vous établissiez une administration paternelle... La France respira, & le fanatisme, qui seul troubla le bonheur public, ne vous arracha jamais de Commission extraordinaire, ni pour l'absoudre, vous aimiez mieux lui pardonner, ni pour perdre les Sages, vous chargeâtes les Loix de les protéger!

Quel Regne, ou plutôt quel Ministere succede sous Louis XIII! Le Cardinal de Richelieu reproduit dans le Royaume l'horreur des Commissions extraordinaires; il établit par-tout à son gré, & sous le nom du Souverain des Tribunaux momentanés de vengeance: là meurt jugé par Laubardemont, & condamné sous le titre de magicien, un Urbain Grandier, dont le premier crime avoit été de disputer le rang dans une cérémonie d'Université, à l'Abbé Plessis-Richelieu (101): là Marillac, reclamant les Loix qui lui tendent leur impuissant secours, est retenu entre les mains homicides des Commissaires dévoués à son ennemi capital. Marillac étoit bien criminel! Un Maréchal de France avoit conseillé à la Reine-Mere de renvoyer du Ministere un homme ingrat & violent, qui la persécutoit (102); crime impardonnable, trans-

---

d'Espagne & de Rome, le même Roi, attendri sur le sort des Citoyens, des Magistrats & des Bourgeois de *sa bonne ville*, envoyoit du pain à cette ville affamée, refusoit de donner assaut, & disoit:.... « *Je* „ *suis le vrai pere de mon peuple*; je ressemble à cette „ vraie mere dans Salomon; j'aimerois mieux n'a- „ voir point de Paris, que de l'avoir tout ruiné, „ tout dissipé par la mort de tant de personnes.

(101) Voyez les Causes célebres, tom. 2.

(102) Voyez Mezerai, le Vassor, sur le Regne de Louis XIII, & le Recueil de diverses pieces pour servir à l'Histoire. Richelieu dût son élévation à la Reine-Mere; il la persécuta; elle s'exila à Bruxelles, d'où elle écrivoit en 1632 au Parlement.... « Que

formé en accusations sourdes, en délations sans

„ diroit le Roi mon Seigneur & votre bon Maî-
„ tre.... de voir gourmander son Parlement, au-
„ quel lui-même rendoit tant d'honneur, & prenoit
„ plaisir à dire que l'Etat étoit tenu de sa conser-
„ vation ?.... On lit dans le Recueil de diverses pieces, que l'Evêque de Luçon, devenu premier Ministre, chassa ou emprisonna dix Princes, quatre Princesses, trois Maréchaux de France, usa de semblables traitemens envers la mere, la femme & le frere du Roi ; violoit les Loix de l'Etat & de l'Eglise, interdisoit les Cours souveraines.... Il avoit menacé de bonne heure la constitution françoise. Il n'étoit encore qu'Evêque de Luçon, qu'au nom du Clergé en 1615, il faisoit remarquer au Roi qu'une des causes de l'affoiblissement de l'Etat pouvoit bien être la faute qu'on faisoit de n'admettre dans les Conseils aucun Prélat. Sa principale raison étoit que les Ecclésiastiques sont en effet plus dépouillés que *tous autres d'intérêts particuliers*, qui perdent souvent *les affaires publiques*. Richelieu, Ministre, étoit sans doute bien dépouillé de ces intérêts particuliers, Mazarin l'étoit aussi, Duprat l'avoit été, le Jésuite le Tellier le fut.

Dupuy assure du Cardinal de Richelieu, qu'il avoit fait demander au Pape, sous le nom du Roi, par le Cardinal Bagni, un Bref qui permît de faire mourir, sans charge de conscience, des personnes dans les prisons par les voies secretes, sans forme ni figure de procès. Le Pape le refusa avec horreur, en ajoutant qu'il plaignoit grandement le Royaume de France d'être en mains si barbares & si cruelles.

Les circonstances de l'affaire de Marillac se trouvent par-tout ; mais il est un trait frappant conservé dans l'Histoire. (Voyez Mezerai.) Les Commissaires allerent voir le Cardinal après le Jugement, après la mort du Maréchal ; l'Eminence leur dit publiquement, avec cet air dépouillé de tout *intérêt particulier : la Providence départ des lumieres particulieres à ceux qu'elle établit pour Juges. J'ai vu le procès du Maréchal ; de bonne foi, je ne trouvois pas l'affaire si sérieuse : mais vous sçavez mieux votre métier que moi.* Ils sçavoient tous bien le leur : les Commissaires furent badinés, mais récompensés (Sur l'affaire de Marillac, on peut encore voir l'Essai sur l'Histoire générale).

preuves, en imputations sans faits. Le Maréchal est condamné par les Laubardemont dans la propre maison du Cardinal à Ruel. Sa mémoire est ensuite réhabilitée, mais le Cardinal s'étoit abreuvé du sang de l'innocent.... Là, ce Ministre (103) forme de sa haine contre la Maison d'Epernon un procès criminel contre le Duc de la Valette devant son Roi, assisté de Commissaires, sept Présidens dépositaires de la Loi, appellés avec eux pour consommer, sous une forme de Justice, un sacrifice déja tout résolu, reclament, dans leurs opinions, pour

---

(103) Voyez le procès de la Valette dans les Mémoires de Montresor, tom. 2. Arrêt du Conseil du 14 Octobre 1638, portant décret de prise de corps contre le Duc; Arrêt du Conseil du 24 Mai 1639, portant condamnation de mort; Commission au Lieutenant Criminel du 25 Mai; procès-verbal de l'exécution du Jugement en effigie à la Greve le 8 Juin; retour du Duc de la Valette en France; Requête présentée au Parlement; le Duc se fait écrouer au Greffe de la Géole, mais demande provision de sa personne, & révision du procès; Arrêt qui l'accorde, charges & informations vues par la Cour, sur les Conclusions du Procureur Général, il est ordonné que, sans avoir égard aux procédures faites contre ledit Duc, il sera de nouveau informé contre lui; cependant il est élargi par provision, & l'Arrêt du Conseil mis au néant: enfin, Arrêt du 30 Juillet 1643, par lequel, tout considéré, & sur le vu des informations, la Cour décharge le Duc d'Epernon & de la Valette de l'accusation contre lui intentée, sauf à se pourvoir pour ses dommages & intérêts, &c.

Croiroit-on que dans la premiere époque, n'y ayant aucune ombre d'imputation fondée à proposer contre le Duc de la Valette, on subititua comme un crime la précaution que le Duc avoit prise de fuir en Angleterre le Jugement par Commissaires dont on le menaçoit sous le Ministere de Richelieu.

La nature crie à tous les hommes en pareille occasion: *Repelle vim fugâ*. Il n'y a que la Loi qui puisse donner de la confiance à un innocent.

le Duc de la Valette absent, le Privilege des Pairs, le droit public des citoyens, le renvoi au Parlement ; ils ajoutent qu'en conscience ils ne peuvent opiner où ils sont, tandis qu'à côté d'eux un Commissaire ose dire qu'il est de l'avis du Cardinal, qui n'a pas encore opiné. Voyez de ce Tribunal, où ne pouvoit régner la liberté des opinions, partir sous le nom d'Arrêt du Conseil, un Jugement de mort, & l'exécution effigiaire, dès qu'elle paroît en place de Greve faire fuir, d'étonnement tout un peuple amassé en grand nombre, qui ne veut pas être témoin de la lecture d'un tel Jugement.... La Valette revient en France, se présente aux Loix : elles le jugent, elles l'absolvent. Le Jugement lui réserve de se pourvoir *pour ses dommages & intérêts vers qui il desireroit bien être*.... Le Cardinal étoit mort, il étoit teint du sang de bien des victimes ; il se fit sacrifier de Thou par des Commissaires (104). Que de raisons

(104) Voyez dans le Mémoire cité de Dupuy, la justification de François de Thou, fils du célebre Historien. De Thou n'avoit point de part aux intrigues imprudentes de Cinq-Mars & de Monsieur, frere du Roi ; j'aurois dit au crime de Cinq-Mars, si Cinq-Mars lui-même n'avoit été jugé par Commissaires ; encore observerois-je que le projet de Cinq-Mars & de Gaston d'Orléans n'étoit point dirigé contre le Roi, mais contre le Ministere intolérable de Richelieu. Cinq-Mars & Gaston se cachoient de de Thou : il ne sçavoit que le projet de la retraite de Monsieur à Sédan, au cas que le Cardinal voulût le faire arrêter. Sans lui donner de grandes lumieres sur le Traité d'Espagne, Fontrailles ne fit que le lui laisser entrevoir. Alors ce Magistrat vertueux fait tous ses efforts pour détourner ses amis d'un tel projet : mais il ne se croit pas obligé de dénoncer un secret qui n'étoit pas un crime de leze-Majesté au premier chef ; de révéler un secret qu'il ne sçait que confusément ; d'exposer des amis au sup-

plice, ou de s'exposer lui-même, faute de preuves, à la peine de calomniateur. Mais falloit-il un crime à Richelieu pour perdre des ennemis ? Ici il perdoit, avec un favori du Roi, avec Cinq Mars, qui lui avoit fait ombrage, un Magistrat trop vertueux pour qu'il ne le haît pas.

Voyez dans Dupuy & Montresor le Cardinal, quoique malade, descendant le Rhône, faisant traîner dans un bateau attaché au sien, & faisant insulter par ses domestiques & ses gardes le vertueux de Thou. A Lyon le Tribunal se forme. De Chaunes, qu'on avoit fait venir d'Auvergne, où il étoit Intendant, est renvoyé en Auvergne, parce qu'il montre de la répugnance pour une Commission, & annonce de la fermeté. De Seves, du même caractere, nommé d'abord au nombre des Juges, est écarté par la même raison que de Chaunes. Le Cardinal est sûr de tous les autres Juges, hors de Miromesnil ; Miromesnil n'avoit été choisi, ni par le Cardinal, ni par le Chancelier ; mais fortuitement par le Roi lui-même. Ce Juge seul persista à dire qu'il ne voyoit dans la conduite de de Thou aucun objet d'accusation capitale : mais Miromesnil étoit seul contre treize Commissaires que préside le Chancelier, & Laubardemont est Rapporteur. D'abord le Chancelier combat foiblement les vues de mort du Cardinal contre de Thou. C'est alors que le Cardinal répond : M. le Chancelier a beau dire, il faut que de Thou meure. Apres ce mot, le Chancelier devint trop docile. Le Cardinal avoit publiquement consulté Lescot, Confesseur de Cour, pour sçavoir s'il pouvoit faire mourir de Thou. Le Confesseur avoit répondu que » tout étoit bien pour la gloire de Dieu & du Ministre, & que l'on pouvoit appliquer en conscience à de Thou une vieille Ordonnance vague » & générale déterrée sous le regne de Louis XI, » qui l'avoit prise du Code Romain, où le despotisme des Ministres d'Arcadius & d'Honorius l'avoit dictée, & dont Laubardemont eut bien des » peines à retrouver la trace ». Il falloit des preuves ; le Chancelier corrompt contre un innocent le témoignage de son prétendu complice (Cinq-Mars) à qui l'on promet insidieusement la vie, promesse

devant les Loix ! Mais M. le Chancelier a beau dire, il faut que de Thou meure : Arrêt prononcé par le Ministre, répété, exécuté par les Commissaires.

On se lasse de poursuivre le cours sanglant des Commissions extraordinaires sous le Ministere de Richelieu ; contentons-nous de dire, d'après le sage & vertueux Dupuy, & avec l'Histoire, que sous ce Ministere, dont la gloire étoit au dehors de l'Etat, il n'y a presque point eu de

---

que la loi n'a jamais faite, & que des Commissions ne peuvent garder.

Le Cardinal se tint à Lyon pendant que le procès se faisoit. Le Chancelier lui rendoit compte de toutes les conférences. Le Cardinal mandoit les Commissaires en particulier, les uns plus souvent que les autres, selon qu'il les connoissoit pour plus ou moins hardis ; (dans une Commission il faut l'être) & le onzieme jour de Septembre, veille du jour où la condamnation fut prononcée, il les fit venir l'un après l'autre secretement par la garde-robe, & le lendemain il partit de Lyon, & le lendemain à onze heures du matin il n'y avoit pas de charges contre de Thou. Le Procureur Général de la Commission conclut à un sursis. Mais une heure après, par les sages dispositions du Chancelier qui fait opiner Miromesnil le dernier, Arrêt de mort. Sur le Bureau de la Chambre, le Chancelier écrit au Cardinal par Picaut, son exempt, ce qui venoit de se passer. Picaut trouva son Maître à dix lieues de Lyon, mais malade. Le Cardinal, apprenant la nouvelle, se souleva de sa chaise, & répéta par trois fois, *Monsieur de Thou !* Il ajouta, *le Chancelier m'a délivré d'un grand fardeau. Mais Picaut, ils n'ont point de bourreau...?* Le Chancelier y mit ordre ; il donna de sa bourse cent écus à un misérable pour faire cet office. Condamné par des Juges extraordinaires, de Thou fut exécuté par un bourreau extraordinaire.

Ensuite toute l'occupation du Chancelier, jusqu'au 22 Septembre, fut de réformer, de refaire toutes les dépositions, tous les actes de la procédure, pour colorer l'injustice du jugement ; les actes furent altérés, & ne furent déposés en aucun Greffe.

ville où les Commiſſaires n'aient exercé leur fureur, où les Juſtices ordinaires n'aient été dépouillées de leurs fonctions principales, & les Juges choiſis, occupés à ſévir extraordinairement contre les Princes du Sang, les Grands, les Magiſtrats, & les Citoyens de tout Ordre.

Avant de paſſer à des tems plus heureux, qu'on revienne, depuis Enguerrand de Marigni juſqu'à de Thou, ſur cette ſuite affreuſe de Commiſſions extraordinaires; que de là on examine de ſang froid, s'il eſt poſſible, l'abus, le danger, l'horreur de pareils Jugemens, ce flux & reflux continuel d'un Tribunal momentané qui condamne, & d'un Tribunal impartial qui abſout, des Ordres cruels ſurpris au Souverain par des impreſſions étrangeres, & le retour attendriſſant aux Loix de la part du même Souverain inſtruit; une condamnation illégale qui commence par ôter la vie, un Jugement de réhabilitation qui vient abſoudre un nom.

La vengeance du Puiſſant, qui veut perdre un ennemi innocent, emploie les accuſations vagues de crime d'Etat (105), ſans corps de délit. Des ſoldats, des eſpions, un cordon d'ennemis, de degré en degré, entourent un Tribunal mobile, à côté duquel l'échafaut eſt tout dreſſé pour l'accuſé. Dans une perſpective non moins prochaine, des récompenſes préparées pour les Juges (106), & les dépouilles

(105) Voyez ſur les crimes d'Etat, les Chap. 7, 8, 9, 10, 11, 12, 13, 15, 16, 17, 23, 24 du liv. 12 de l'Eſprit des Loix.

(106) Marca, Juge de M. de Thou, fut tiré pour cette affaire du Parlement de Peau où il étoit Conſeiller. Il fut récompenſé par l'Evêché de..... Laubardemont ſervoit dans toutes les Commiſſions. On n'eſt pas inhumain, on n'eſt pas injuſte pour rien.

montrées aux délateurs. Non loin du Tribunal, le Puissant qui l'a fait établir pour sa haine (107), dirigeant, commandant, animant les Juges (108), rien de libre que cette issue secrete par laquelle les Laubardemont viennent prendre des Ordres, chercher la Loi, la Preuve & l'Arrêt dans un cœur vindicatif; la reclamation des vrais Magistrats étouffée, les gémissemens des hommes, des compatriotes, des parens à peine soufferts (109); tous les environs du Tribunal changés en un désert

(107) . . . . . .

(108) Dans le procès de Marillac, ses parens mettent Requête au Parlement. Le Procureur-Général Molé conclut à faire recevoir l'appel, le Parlement le reçoit. Le Cardinal assemble un Conseil pour décreter d'assigné le Procureur-Général Molé. Mem. de Talon, Tom. 1.

(109) L'Abbé de Thou alloit solliciter pour son frere, le défendre par les Loix, demander un Conseil pour lui; le Cardinal lui envoie une Lettre de cachet, signé. Desnoyers, qui l'exile dans son Abbaye, avec défense d'approcher du Roi, sous peine de la vie.

Dès que le Cardinal vient à Lyon, il fait commander, par M. de la Vrilliere, à M. l'Evêque de Toulon, de se retirer à son Diocese. L'Evêque de Toulon avoit eu permission du Roi de solliciter pour son beau-frere. Le Ministre lui donne une lettre de cachet; on refuse à Madame de Pontac distribution de Conseil pour son frere. Voyez Dupuy. Ajoutez à l'Histoire du procès de de Thou ce que rapporte Dupuy d'une des entrevues fréquentes de Laubardemont avec le Cardinal. Laubardemont lui dit un jour qu'il avoit un extrême regret de ne pouvoir servir Son Eminence en cette occasion du jugement contre M. de Thou. A cette parole l'Eminence changea de visage, croyant qu'il ne trouvoit pas assez de preuves pour le faire mourir. .. Soudain Laubardemont reprit. . . . j'entends, Monseigneur, que la chose est si claire, qu'il n'y a point sujet d'y hésiter.

où regne le silence & l'horreur, le silence de la consternation, la solitude de l'exil, appellés paix (110)....

De ce point de vue, sous lequel l'Histoire nous peint exactement les abus, l'horreur des Commissions, où est l'homme qui aura la cruauté de demander encore, de mettre en question, si, en quelque occasion que ce soit, une Commission extraordinaire en matiere criminelle, peut jamais être licitement établie? s'il ne vaudroit pas mieux, suivant le principe humain des Loix, voir cent coupables échapper au supplice, qu'un innocent condamné, qu'un citoyen coupable ou non, condamné par un pareil Tribunal contre les premieres Loix qui lui assurent des Juges sans passion, sans partialité, sans espoir de récompense, sans intérêt, sans lâcheté?

Je me hâte de revenir au moment heureux, où Louis XIII, où Louis XIV effacerent les tristes impressions du Ministere violent de Richelieu. Le premier, après la mort desirée (111) du despotisme Ministériel, n'a rien de plus pressé que de délivrer de la Bastille, où il languissoit depuis tant d'années, un des meilleurs citoyens de l'Etat, le Maréchal de Bassompierre. Louis-le-Juste rétablit les Magistrats destitués arbitrairement par le Cardinal qui lui avoit arraché la Déclaration de 1641, & la révoque. Louis XIV met entre son Regne & l'horreur encore récente du Ministere de Richelieu, une barriere respectable, la Loi

---

(110) *Rapere, auferre, trucidare imperium vocant, & ubi solitudinem faciunt, pacem appellant* Tacit.

(111) *Ergo cadente cuncta quiescunt.* Louis XIII ne montra jamais plus de joie qu'en apprenant cette nouvelle. Voyez les Mém. de Montresor, tom. II.

de sûreté publique (112); il renouvelle les Loix anciennes, & l'Ordonnance de Blois, contre toute Commission extraordinaire. Depuis cette Loi, dans le cours d'un Regne glorieux, une haine semée par le testament même de Mazarin, une cabale qui après sa mort réunissoit toutes ses créatures contre Fouquet, trompe Louis-le-Grand sur la Loi, en lui suggérant qu'il suffisoit de surprendre à Fouquet une démission de la charge de Procureur Général, pour le livrer à une Commission, en la faisant enregistrer; elle le fut : mais Fouquet étoit Magistrat vétéran; Fouquet avoit été Ministre; Fouquet avoit une qualité privilegiée, enfin, il étoit citoyen; il devoit être jugé par la Loi, par un Tribunal fixe. Je ne sçais si Fouquet étoit innocent; on en peut juger par l'Arrêt même de la Commission (113) : il ne fut condamné qu'au bannissement. Par un exemple nouveau, on commua une peine moindre en une majeure : le Souverain qui n'exerce en Matiere Criminelle que des actes de clémence, condamna à une prison perpétuelle un citoyen banni..... Le Peintre immortel du Siecle de Louis XIV, en mêlant cette ombre au portrait de son Héros & de Colbert, n'a pu s'empêcher d'avouer qu'il étoit au dessous de la Majesté du Prince de s'intéresser à perdre un sujet, & de choisir pour le condamner des voies extraordinaires qui laissent toujours, au moins, *le soupçon de l'injustice* (114).

Elle vivra long-tems dans la mémoire des citoyens & dans les ames honnêtes, la fermeté que témoigna d'Ormesson en résistant constam-

---

(112) Déclaration de 1648, art. 14, & les art. qui y correspondent.

(113) Voyez les Mém. de Pélisson. Voyez le Siecle de Louis XIV.

(114) Voyez le renvoi de la note ci-dessus.

ment aux Ministres qui vouloient faire périr Fouquet ; il restera toujours dans l'esprit des hommes d'Etat, des Magistrats, des Jurisconsultes, le doute légal, si Fouquet, jugé par Commissaires, étoit coupable ; du moins cet exemple de sévérité illégale ne fit pas empreinte sur le Regne long & glorieux de Louis XIV ; on n'y trouve plus que la Chambre ardente, établie pour connoître des empoisonnemens qui venoient corrompre les mœurs d'une Nation douce : mais ce Tribunal fut uniquement borné à ce genre de crimes, il fut créé contre les le Vigoureux, les le Voisin ; la création en fut enregistrée. Hélas ! sous quelques formes, avec quelques précautions qu'on établisse de pareils Tribunaux, l'abus, le danger en est inséparable ; on le vit pour cette Chambre ardente, dont l'établissement paroissoit graciable : Louvois y voulut mêler entre les mains de la Reynie, appellé le grand Inquisiteur de l'Etat, le soin de poursuivre ses vengeances particulieres. Bientôt le Tribunal fut supprimé (115) ; il ne parut plus de Commission extraor-

(115) Voy. Mémoires de Maintenon, chapitre 2, liv. 6. Le Marquis de Louvois, qui croyoit à la magie, donna des ordres secrets aux Commissaires pour informer contre les sorciers ses ennemis. Il sçavoit combien Louis étoit délicat sur tout ce qui touchoit à la Religion, & il vouloit se défaire par piété de ceux qu'il ne pouvoit perdre par Justice ; ,, mais, dit un des Juges à M. de la Reynie, nous ,, ne travaillons ici que sur des sortileges & des ,, diableries, dont le Parlement de Paris ne reçoit ,, plus les accusations. Notre Commission est pour ,, les empoisonnemens, pourquoi écoutons-nous ,, autre chose ? » La Reynie fut surpris que parmi des Commissaires il se trouvât un homme juste, & répondit : « *J'ai mes ordres* ; » Monsieur, lui répliqua-,, t-on, *la Justice ne reçoit point de lettres de petit cachet,* ,, *qu'on fasse une loi de ce qu'elles contiennent, & nous*

dinaire en matiere criminelle (116); la liberté, l'innocence respirerent au sein de la Justice, & sous la protection générale des Loix.

A la vue de ces tableaux, que le génie de l'humanité ne peut trop remettre sous les yeux des Rois & des Peuples, des Ministres & des Magistrats, faut-il s'étonner qu'il ait été gravé en caracteres ineffaçables dans le cœur de tous les citoyens ce préjugé, cet ancien proverbe, devenu presque un sentiment naturel, *quand on est jugé par Commissaires, on ne l'est pas par Justice!* Faut-il s'étonner que les Jurisconsultes en aient fait un axiome de droit (117), que Dumoulin & Mornac aient tracé avec effroi cet important principe sur le danger de toute Commission, que Henris (118), après avoir

---

„ *obéirons comme vous, jusques-là nous ne pouvons suivre* „ *que les Regles communes* „

M. le Duc de Luxembourg, MM. de Soissons, de Tingri & de Bourbon furent cités à cette Chambre comme fauteurs de sorciers & de sortileges, mais très réellement comme ennemis de Louvois. La Chambre fut supprimée, & appellée le Tribunal des vengeances de Louvois, & la Reynie, le grand Inquisiteur du Royaume. J'ajoute au trait d'histoire, que la philosophie & le bon sens, en détruisant la magie, ont fait perdre un ressort bien étendu aux Commissions extraordinaires.

(116) Sous la régence du Duc d'Orléans, il y eut une Commission extraordinaire établie à Nantes contre des Gentilshommes Brétons, en 1720. Etoient-ils coupables, je ne le mets pas en question? Ont-ils été condamnés légalement? Non certes, voie de fait, acte arbitraire que la Loi ne peut reconnoître, acte de force qui n'offre de certain que son opposition à la Loi & à la liberté publique

(117) Voy. du Moulin. *Transiit in adagium, periculosum esse quemquam condemnari à Judicibus delegatis, seu, ut vulgò loquimur à Commissariis* Mornac *ad Tit.* 1, *liv.* 21. ff. *de Jurisdictione.* Du Moulin dans le passage déjà cité, pag....

(118) Henris, tom. 1, pag. 442. « Tels Com-

froidement discuté la doctrine des fiefs, des prescriptions & des matieres de droit privé, passant aux Loix criminelles, s'arrête tout à coup à l'idée de Commission extraordinaire, rappelle le mot du Moine de Marcoussi à François premier sur l'innocence de Montaigu, & ajoute d'un style animé par la nature, & par le droit public, *que les Commissions sont toujours des Tribunaux de vengeance & de faveur, & que les Commissaires choisis & triés n'y peuvent apporter la conscience de bons Juges*; qu'un Magistrat (119), qui avoit exercé plus de trente ans les fonctions importantes de Juge Criminel, appelle les Commissaires, non des Juges, mais des *exécuteurs*. Faut-il s'étonner, qu'après avoir établi en principe général que le Magistrat & le Juge, dont la Jurisdiction générale est fondée sur les Loix, peut juger sa compétence, les Jurisconsultes se hâtent d'ajouter (120)

„ missaires délégués à l'appetit d'un Seigneur qui „ pour lors pouvoit toutes choses, n'apporterent „ pas en leur jugement la conscience de bons juges. „ Qu'en général toutes les Commissions sont suspec- „ tes de faveur, ou de vengeance. »

(119) Ayrault Lieutenant Criminel du Présidial d'Angers, liv. 1, part. 3 de son ordre judic., « il ne „ suffit pas aussi entre nous que telles Lettres attri- „ butives de Jurisdiction aient passé par la Chancel- „ lerie; faut qu'en forme d'Edit ou d'Ordonnances „ dérogeantes aux premieres, elles aient été vues & „ *vérifiées* ès Cours Souveraines, autrement quelle „ confusion seroit-ce? quelles circonventions, quelles „ surprises, quelles ouvertures aux Grands *d'avoir tels* „ *Juges, ou plutôt tels Exécuteurs qu'il leur plairoit?* de pou- „ voir distraire & renvoyer les Parties où ils vou- „ droient, leur ôter à tout propos la voie de l'appel; „ de fait, telles Lettres sont défendues par les Or- „ donnances de nos Rois. „

(120) Voyez la note de Godefroy sur la Loi 5 ff. *de Judiciis & ubiquisque ad hac verba Prætoris enim*. Aussi l'art. 147 de l'Ordonnance de Blois défend au Juge

que jamais des Commissaires, des Juges délégués ne peuvent se déclarer compétens, pas plus que ne pourroit le faire un Seigneur vis-à-vis celui qui se nieroit son Vassal, & un Juge vis-à-vis sa propre Partie? que le Juge a deux devoirs essentiels, le premier, de juger sa compétence, le deuxieme, d'absoudre ou de condamner; que pour le premier jugement, il faut une Loi, un Ordre ne suffit pas; que si, sans avoir de Jurisdiction établie par la Loi, le Juge ne la fait dépendre que d'un Ordre, il sera aussi légitime qu'il reçoive un second Ordre, & condamne; qu'il n'y a que le soldat dans l'ordre de la puissance exécutoire du droit des gens qui soit obligé d'exécuter sans examen, il est fait pour agir; mais que la fonction du Juge doit tenir à la Loi; que de là, par une considération ultérieure qui nous ramene aux Loix fondamentales du Gouvernement François, résulte la nécessité de l'Enregistrement dans une Cour Souveraine, pour donner à une Commission extraordinaire l'aveu des Loix dans les cas rares qui la rendroient légitime (121); que cet Enregistrement même, s'il est accordé, laisse au citoyen privilégié la faculté de reclamer ses droits par une opposition juridique à l'Arrêt d'enregistrement, que ces considérations rendant de pareils Enregistremens

---

dont on conteste la compétence de la juger, lorsqu'elle n'est point établie sur les Edits & Ordonnances. De là l'appel aux Cours Souveraines.

(121) Par exemple, dans le procès des Concussionnaires du Canada, & dans celui de M. de Lally, n'y ayant point de Tribunaux sur les lieux, il faut nécessairement choisir des Juges; mais alors c'est un Tribunal régulier que l'on choisit, & non proprement des Commissaires: & c'est alors que l'enregistrement fait en ce Tribunal rend la Commission légitime.

difficiles, rarement les Cours souveraines l'accordent-elles, sur-tout en Matiere Criminelle; que de là naît l'habitude toujours frappante, où sont ces Commissions, de se passer de l'enregistrement légal; mais que rien n'y peut suppléer, parce qu'une Commission ne peut pas plus s'enregistrer elle-même dans un dépôt momentané de volonté particuliere, dans un Tribunal mobile qui va naître, que ne peut un Juge, non fondé sur la Loi, déclarer, juger sa propre compétence, pas plus qu'en général on ne peut se donner l'être. Faut-il s'étonner que tous les politiques aient condamné, à la face des Nations, hormis dans les Gouvernemens despotiques, l'établissement de pareil Tribunal, & que Montesquieu, à qui il ne falloit qu'un rapide trait de plume où il nous faut de longs Mémoires, ait dit aux Rois, aux Peuples, » rien n'affoiblit, n'attaque plus la liberté dans » les Monarchies. Sous Henry VIII, en Angleterre, lorsqu'on faisoit le procès à un Pair, » on le faisoit juger par des Commissaires tirés » de la Chambre; on fit mourir tous les Pairs » qu'on voulut (122). »

Faut-il s'étonner que dans tous les tems les Commissions extraordinaires n'aient offert aux yeux de la Loi qu'une association réprouvée, & le spectacle trop souvent renouvellé de cette assemblée d'esclaves & d'étrangers, où Phocion

---

(122) Voyez chap. 22, liv. 23 de l'Esprit des Loix, le Prince tire si peu d'utilité des Commissaires, qu'il ne vaut pas la peine qu'il change l'ordre des choses pour cela. Il est moralement sûr qu'il a plus l'esprit de probité & de justice que ses Commissaires qui se croient toujours assez justifiés par ses Ordres, par un obscur intérêt de l'Etat, par le choix qu'on a fait d'eux, & par leurs craintes mêmes. Joignez à ce chap. les chap. 6, 7 & 8 du liv. 8.

n'eſt pas écouté, où un homme de bien, qui veut le défendre, eſt forcé de ſe taire, où Agnonides, ſoutenu de délateurs, déploie des calomnies, ſe fait diſpenſer des preuves, & en eſt quitte pour donner, par une tournure ſubtile, par une dialectique meurtriere, un faux air de Juſtice à la perte de l'innocent. Enfin où Phocion eſt condamné, mis à mort, pour recevoir quelque tems après de ſes vrais Juges, de ſa patrie en pleurs, l'honneur d'une ſtatue?

Faut-il s'étonner que les Rois, par des Loix générales, où ſont leurs vrais Commandemens, touchés des exemples du paſſé, ſenſibles à l'intérêt de l'avenir, aient été au devant de ces dangers, de ces abus, aient écarté d'avance l'intrigue & la cabale en proſcrivant à jamais de pareils Tribunaux, & aient répété tant de fois: » Si jamais il s'en établit de ces Commiſſions » extraordinaires, que les Loix, que les vrais » Magiſtrats ſe ſouviennent & le rappellent au » Prince, en épargnant à ſon cœur & à ſes in» tentions le reproche d'un Ordre qui n'eſt qu'u» ne ſurpriſe étrangere. (124) *Omninò voluntas Regis eſt ut unuſquiſque homo ſuam legem pleniter habeat conſervatam, & ſi alicui contrà Legem factum eſt, non eſt voluntas noſtra, nec juſſio. Injuſtum Judicium & definitio injuſta Regio metu vel juſſu à Judicibus ordinata non valeat.*

Le voilà dans la bouche de nos Rois mille fois répété avec le caractere authentique d'une Loi perpétuelle, ce principe eſſentiel, qui a fait

---

(124) Loix de Charlem. cap. tom. 1, page 343, 911. C'eſt-là qu'il faut rappeller la réponſe de Charles VIII aux Etats de Tours ſur les Commiſſions; l'art. 98 de l'Ordonnance de Blois; les art. 14, 15, &c. de la Déclaration de 1648.

fait dans tous les tems le bonheur & la gloire de la Monarchie, qui a maintenu la stabilité de la Législation, qui a formé les vrais Citoyens, les bons Sujets, qui pose des bornes immuables entre la soumission & l'esclavage, entre la fermeté respectueuse & la résistance illégitime, qui concilie l'honneur avec l'obéissance. De cette source pure & sacrée l'honneur animant tous les ordres de l'Etat y a fait éclorre les actions les plus héroïques ; par-tout le noble sacrifice, non seulement de l'intérêt, non d'une place que l'on désire (125), d'une place que l'on possede, mais de la vie même au Souverain, à la Patrie, & aux Loix.

De là, pour les intérêts sacrés du Trône, la conduite & la réponse d'un Magistrat (126) au Duc de Mayenne qui, environné de Prêtres & de Soldats, faisoit la Loi dans Paris & vouloit éloigner du trône le Souverain légitime ; la mort glorieuse de trois Magistrats, du Président Brisson, de Tardieu, & de l'Archer, expirans sous la main du Bourreau par l'ordre

---

(125) On a vu en France l'honneur & la délicatesse portés jusqu'à ce point, que l'Abbé Talon, frere du célebre Avocat Général de ce nom, refusa une Abbaye offerte par la Cour dans un moment où le Parlement de Paris étoit en disgrace. M. Talon craignoit que cette faveur ne parut dans ces circonstances le prix de sa déférence contre les intérêts de sa Compagnie. Voyez les Mem. de Talon.

(126) Réponse du Premier Président Harlay au Duc de Mayenne.... *C'est grand pitié de voir les Sujets chasser les Maîtres. Au reste mon ame est à Dieu, mon cœur est au Roi, & mon corps en ce moment aux ennemis de l'Etat.*

Potier de Blancménil demande publiquement à Mayenne la permission de se retirer vers Henri IV. » Je vous regarderai toute ma vie comme mon » bienfaiteur, mais je ne puis vous regarder com» me mon Maître.

des Ligueurs, plutôt que de donner le consentement de la Loi ; le suffrage de la conscience à l'autorité usurpée d'un Duc de Mayenne, & à la destruction des droits du Souverain légitime ; la fermeté du Parlement de Paris qui se laisse conduire par des Soldats à la Bastille, & envisage la mort sans frémir ; la rebellion avec horreur, le zele du Comte de Brissac, du Président le Maître, & des autres Magistrats qui n'avoient pu quitter Paris, mais qui en ouvrent les portes à Henri IV, pour seconder l'humanité d'un Roi qui épargnoit à sa Capitale l'horreur d'un assaut. Là encore, tandis que des fanatiques prêchent la sédition dans les places publiques, tandis que Mayenne négocioit avec Philippe II, & avec Rome, des Magistrats, de bons Citoyens, des Lettrés, des Jurisconsultes, au fond d'un cabinet tranquilles, cachés aux dangers de la Ligue dont ils ne peuvent diminuer les mouvemens, composoient la Satyre Ménipée, ouvrage de l'amour des François pour leurs Rois légitimes, monument d'esprit, qui joignit la force du ridicule à la force des armes, & qui dans le caractere national valut à Henry IV une bataille. (127)

Ce ressort de l'honneur & de la conscience déployé pour la défense du Trône, combien de fois la Magistrature, la Noblesse Françoise, tous les Ordres de l'Etat, l'ont-ils fait valoir avec autant de succès que de zele pour l'intérêt de l'Etat, pour la loi, pour la patrie, pour l'intérêt du Prince contre la volonté apparente du Prince dans un moment de surprise ? Le Président de la Vaquerie, & le plus grand nombre des Magistrats du Parlement de Paris, vont remettre

(127) Voyez l'Abregé Chron. du Président Hénault en 1593.

entre les mains de Louis XI, leurs Charges & leurs têtes, plutôt que d'enregistrer des Ordres qui eussent perdu la Monarchie, & accablé le peuple. Louis XI, touché de cette action généreuse, retire ses Edits, ses Ordres, & promet que jamais il ne forcera sur quoi que ce soit, la liberté des fonctions du Magistrat. Le Chancelier l'Hôpital, après avoir écarté de la France (128) le fleau de l'Inquisition, seul Tribunal auquel on puisse comparer les Commissions extraordinaires, après avoir communiqué au Corps entier de la Magistrature, l'esprit qu'il y avoit puisé, est mis à l'épreuve de ses principes. Il refuse de sceller un Edit injuste, & va dans l'asyle des Lettres & de la vertu terminer une vie brillante dont d'Aguesseau dans ses beaux jours devoit, quelques siecles après, renouveller la gloire.

Dans le moment le plus triste de notre histoire, lorsque des Ordres de Charles IX étendoient sur les Provinces les ombres de cette nuit fa-

---

(128) Le Chancelier l'Hôpital disoit aux Magistrats : *Vous n'avez juré garder les Commandemens du Roi, mais bien les Ordonnances qui sont les vrais Commandemens du Roi.* Il dit à la Reine Catherine de Médicis, en lui rendant les Sceaux : « Madame, scellez vous-même » votre Edit, pour moi, j'aimerois mieux mourir » que de le faire ». Voyez son Eloge dans l'Abreg. Chron. du Président Hénault.

> Ille igitur .... direxit brachia contrà
> Torrentem .... optimus atque
> Sanctissimus legum interpres omnia quamquam
> Temporibus diris tractanda putabat, inermi
> Justitia.

Comparez au Chancelier l'Hôpital, le Chancelier Duprat.

tale où Paris fut inondé de sang, (129) des Héros, de bons Sujets, de généreux Citoyens détournoient des Provinces où ils commandoient pour le Roi l'horreur de ce fleau, & le Vicomte d'Ortès répondoit sur sa tête au Roi..... *Employez nos bras & nos vies à choses faisables.* Sulli, ce grand Ministre, combattoit un moment de volonté du meilleur des Maîtres, pour lui assurer des siecles de gloire, & pour le bonheur de toute une Nation. Le Maréchal Fabert, à qui on ose proposer le lucratif emploi d'espion, répond à la Cour, qu'il n'est fait pour servir le Roi que par l'Epée & par des conseils à la tête des Armées. Tous les Ordres de Citoyens ont donné de pareils exemples de générosité & d'honneur. Un homme de Lettres, Pelisson fidele à son ami, car il n'étoit pas fait pour avoir de protecteur, risque tout, jusqu'à sa propre réputation pour donner à un illustre malheureux un conseil important, & à peine Pélisson est sorti d'une prison où l'amitié l'avoit conduit, que seul contre des Ministres, il risque encore sa vie, sa liberté pour préparer par des mémoires éloquens la défense de son ami.

Ce sont ces principes d'honneur, de conscience, de fidélité aux Loix, qui dans tous les tems ont rendu si difficile la composition des Commissions extraordinaires. Lorsqu'on assem-

(129) Sire, je n'ai trouvé parmi les habitans & les gens de Guerre que de bons citoyens, de braves soldats, & pas un bourreau.... Ce grand & généreux courage regardoit une lâcheté comme une chose impossible, dit M. de Montesquieu. Voyez l'Hist. d'Aubigny, & les Mem. de Thou.

MM. de Tendy, de Charni, de S. Séran, Tannegui, le Veneur, des Gards, de Mandelot, refuserent, ainsi que le Vicomte d'Ortès, d'exécuter les Ordres dans les Provinces où ils commandoient. Voy. Hénault, année 1572.

ble les Laubardemont pour juger de Thou; lorsque les vrais Magistrats refusent d'entrer dans cette Commission, on jette les yeux sur l'Intendant d'Auvergne. De Chaunes montre une ame, il est renvoyé ; de Seves montre de l'horreur & de la fermeté, on le laisse à l'écart, & il s'en félicite : peut-être n'y a-t-il pas eu en France un seul Tribunal de cette espece, dont on n'ait été obligé de chercher, d'essayer long-tems les membres avant de le composer, d'où l'on n'ait été obligé de rappeller des membres avant le Jugement. Miromesnil reste, il défend l'innocent, mais il est seul contre treize qui le condamnent. Ailleurs d'Ormesson reste & presque seul, il résiste à la ligue la plus puissante; mais dans ce genre, le spectacle le plus digne des regards de la postérité, c'est, dans le procès du Duc de la Valette, le Président de Bellievre devant son Roi, mais sur-tout (130)

---

(130) Voyez Montrésor, relation du Procès fait au Duc de la Valette. Le Président de Belliévre le prit de plus haut ; & après avoir parlé du renvoi de la Justice, dit qu'il ne pouvoit prendre d'autre avis que de renvoyer l'affaire au Parlement ; & comme le Roi le força d'opiner, il dit *qu'il voyoit en cette affaire une chose étrange, un Prince opiner au procès criminel d'un de ses Sujets, que les Rois ne s'étoient réservés que les graces, & renvoyoient les condamnations à leurs Officiers, & Votre Majesté voudroit bien voir sur la sellette un homme devant Elle, qui, par son Jugement, iroit dans une heure à la mort : que la vue & la face du Prince qui donne des gaces ne peut porter cela : que sa vue seule levoit les interdits de l'Eglise, & que jamais personne ne devoit sortir que content de devant le Prince.* Il remontra au reste l'inconvenient de troubler les Juges devant le Roi, & de ne laisser la liberté des opinions.

Le Roi l'ayant écouté paisiblement, lui dit : *Opinez au fond.* La réponse fut : *Je ne puis prendre autre avis, & le mien est catholique.* Le Chancelier ayant pris la parole, lui dit qu'il falloit prendre un avis catholique. Il lui repliqua : *Monsieur, si ce n'est que par mon*

Tous les yeux de Richelieu. Bellievre est étonné de se trouver septieme Président appellé dans le cabinet du Roi pour un jugement de Commissaires. Il refuse de prendre d'autre avis que celui du renvoi au Parlement ; le Roi le lui ordonne, les yeux du Cardinal lui commandent, le Chancelier le presse d'opiner ; il répond par le discours le plus énergique, le plus touchant, le plus magnanime, & finit par refuser constamment de prendre d'autre avis au fond que celui du renvoi d'un Duc & Pair au Parlement, du renvoi d'un accusé aux Loix.

Un Citoyen prête aujourd'hui un foible organe de plus à la voix de quatorze siecles, à la voix Sacrée des Rois, à la réclamation des Corps dépositaires de la Loi, au vœu de la Nation, sur l'intérêt le plus précieux du Monarque & des Peuples. Il a gravé d'une main foible, mais fidelle, d'après les tableaux de l'Histoire, l'horreur ineffaçable de toute Commission extraordinaire qui s'établiroit pour juger en matiere criminelle. Il ose dire, fondé sur

---

instruction que vous voulez parler, ce n'est que tems perdu ; & ne voulut jamais prendre d'autre avis...... Le Roi fit après cela opiner les Conseillers d'Etat, & l'on remarqua que le Bret allégua la façon de faire des Perses & des Turcs, & de Leon les exemples des procédures les plus violentes d'Allemagne. Après MM. du Conseil, opinerent les Ducs, puis le Chancelier, le Cardinal, puis le Roi..... De tout cela l'on peut dire que c'est un jugement sans exemple ; voire contre tous les exemples du passé jusqu'à hui qu'un Roi de France ait condamné en qualité de Juge par son avis, un Gentilhomme à mort, & dans son Cabinet assis à table, & des Juges dans des escabeaux ployans.

Civis erat qui libera posset
Verba animi proferre & vitam impendere vero.

la constitution de l'Etat, que jamais il ne peut se trouver aucune considération d'Etat qui doive vaincre, qui doive balancer sur ce point important le véritable intérêt du Monarque, la stabilité des Loix, la sûreté des Sujets.

Que si de prétendues considérations politiques avoient une seule fois cet avantage inhumain, & surprenoient le nom & l'Autorité du Prince, l'impression de ce trait de force auroit besoin de plusieurs siecles pour être effacé du cœur de la Nation, & laisseroit dans le cœur paternel du Monarque des regrets éternels sur un moment de surprise & sur l'abus de son nom, abus dont le principe ne seroit pas un véritable intérêt de l'Etat : ce ne seroit qu'un prétexte montré au Souverain, tandis que loin de ses yeux le principe réel, l'envie, la cabale, la haine, la vengance iroient s'asseoir sur un faux Tribunal de Justice qui étonneroit les peuples.

Que si une seule fois on avoit surpris au Monarque l'érection momentanée d'un pareil Tribunal contre un seul Citoyen, il ne pourroit être trop tôt rétracté ce moment d'abus, & la trace n'en devroit ni entrer, ni rester dans le dépôt des Loix. (131) Car tel a été dans tous les tems le cruel empire de l'abus : il se montre d'abord sous un prétexte coloré : les passions qu'il a servies dans ce premier moment se reproduisent ensuite avec plus de hardiesse, se font une Loi d'un fait, un droit d'un acte de force : mais ce caractere général de tous les abus, quelles conséquences terribles ne peut-il pas avoir ? Il tendroit à violer, à menacer, dans le point le plus important de la Législation, la stabilité de toutes les Loix.

---

(131) *Neque enim consistunt exempla unde cœperunt, sed latiùs evagandi viam sibi faciunt.* Vellei. Patercul.

Ne fut-elle née que d'un ſeul exemple, cette crainte ſeroit néceſſairement générale, & ſuſpendue ſur la tête de tous les Citoyens : quelle retraite laiſſeroit-elle à l'honneur, à l'émulation ? quels principes dans les cœurs, quelle fermeté dans l'exercice des devoirs ? quelle conſiſtance dans les mœurs ? quelle ſûreté dans tous les Ordres de l'Etat ? Une intrigue détruiſant la faveur des Princes & des Grands, les conduiroit à un Tribunal de Commiſſaires ; & l'on verroit les têtes les plus précieuſes livrées à des Juges ſervilement dociles aux impreſſions d'un Miniſtre. Des Miniſtres eux-mêmes, après avoir veillé à la gloire de l'Etat dans ſes rapports avec les Puiſſances étrangeres, après avoir balancé, entretenu les forces néceſſaires à la défenſe de l'Etat, après avoir ſoutenu dans l'eſprit des Peuples, au moins l'opinion ſi néceſſaire de la douceur du Gouvernement..... de tels Miniſtres, jouets d'une intrigue de Cour qui leur ôteroit la confiance du Souverain, tomberoient entre les mains de Commiſſaires choiſis par leur ennemi, ou par leur concurrent, qui ne manqueroient pas de leur chercher des crimes dans l'arbitraire quelquefois inévitables de l'adminiſtration. Des Généraux, de braves Militaires, allant combattre les Ennemis de l'Etat, & laiſſant les leurs occupés du ſoin d'intriguer, de calomnier, de déprécier leurs ſuccès, reviendroient de l'Armée couverts de ſueur, de pouſſiere, & de ſang, pour être accuſés, pour être *expoſés* à des Commiſſaires. Des Magiſtrats à qui des travaux continuels ne préſentent pour perſpective flatteuſe que la gloire du Roi, le bonheur & la tranquillité des Peuples ; des Magiſtrats qui ſans ceſſe veillent au dépôt des Loix, & qui, dans le cours de leur Miniſtere, dépouillés de toute ambition, ne cherchent & ne trouvent, en faiſant le bonheur général, que la conſidération publique,

publique, & la satisfaction de remplir leurs devoirs, beaucoup d'ennemis dont ils éclairent les vues & déconcertent les projets illégitimes..... Ces Magistrats seroient conduits à un Tribunal choisi par leurs ennemis, devant des Commissaires. Là, la fermeté, la réclamation des Loix, l'observation du serment, le devoir de la conscience & de l'honneur seroient représentés sous les couleurs de la résistance ; des délations sourdes composeroient un crime d'Etat sans corps de délit ; l'Administration inculperoit la Loi ; le Peuple apprendroit avec étonnement que l'on condamne comme criminels d'Etat des Magistrats dont il avoit reçu en tout tems, & des leçons, & des exemples d'obeissance..... Un Ministre de la Religion qui auroit annoncé avec fermeté les vérités dont il est dépositaire ; qui n'auroit pas voulu sacrifier le devoir à une lâche déférence, composer des intérêts du Ciel avec des mœurs corrompues, créer au besoin une morale pour calomnier & pour inspirer le déshonneur en sûreté de conscience, seroit livré par un enneni puissant à des Commissaires. Là, on renouvelleroit des Loix canoniques sur la magie, on déterreroit des décrets d'Inquisition sur l'hérésie..... Une Noblesse, franche & genereuse, qui ne doit ployer le genou que devant le Monarque, la patrie, & les Loix, verroit condamner sous le nom de crime d'Etat, par des Commissaires, la fermeté qu'elle auroit montrée à un Grand titré & violent...... Abrégeons toutes les conséquences qu'entraîneroit cette idée seule qu'une Commission extraordinaire en Matiere Criminelle soit possible par des considérations d'Etat...... Non, tant qu'il y aura une Monarchie, tant qu'il y aura des Tribunaux & des Loix, en aucune occasion, en aucun tems, il n'eſt point d'homme qui ne ſoit en droit de demander d'être jugé par la Loi.

C'eſt le vœu, c'eſt l'intérêt, c'eſt l'intention du Monarque : elle reſpire dans le cœur des Rois bien aimés cette Loi perpétuelle qui aſſure le retour à la Juſtice, qui efface les ſurpriſes d'un moment, qui protege tous les Sujets, & qui autoriſe d'avance les Magiſtrats & les Citoyens à réclamer contre l'établiſſement de toute Commiſſion criminelle : non, ce n'eſt point la volonté du Monarque ; des impreſſions étrangeres ont ſurpris ſa Religion ; on ne lui aura pas tout dit ; une intrigue lui aura caché la vérité. Hélas ! quel eſt l'homme qui ſoit ſûr de la ſaiſir au premier inſtant ? Mais quel eſt le Roi qui, quand il la trouve, n'ait pas ſa gloire & ſon bonheur intéreſſé à la protéger ? Le moyen de la connoître ? Les Loix le préſentent ; les Loix ſe placeront entre le Prince & ſon Sujet. Si la Loi juge le Sujet coupable, l'idée de ſévérité ſera éloignée du nom chéri du Souverain. Il aura ſeulement le droit ſuprême de la clémence ; mais ſi la Loi trouve un innocent, combien ſera-t-il doux pour le Monarque de compter dans une Nation ſoumiſe & fidelle un bon Sujet de plus ? Combien enfin ſera-t-il doux pour le Monarque de répéter ce que ſes vrais Magiſtrats, ce qu'un Peuple fidele n'avoit ceſſé de dire avec des gémiſſemens & des larmes auxquels on ne mêle jamais le nom du Prince, que pour l'invoquer : *Omninò voluntas Regis eſt ut unuſquiſque ſuam Legem pleniter habeat conſervatam. Si cui contrà Legem factum eſt, non eſt voluntas noſtra, nec juſſio.*

FIN.

1766.

www.ingramcontent.com/pod-product-compliance
Ingram Content Group UK Ltd.
Pitfield, Milton Keynes, MK11 3LW, UK
UKHW021106260726
13994UKWH00002B/736